KB004734

튼튼이
무탈교실

틈 새를 채워드려요
틈 날 때 보세요
이 번 해에도 무탈한 학급경영을 위해!

틈틈이 무탈교실

글 김근희 · 이상미 · 임화진 | 그림 정가영

i-Scream

Contents

일러두기

“선생님~ 혹시 자료 파일 다운로드 받으셨나요?”

〈튼튼이 무탈교실〉은 선생님들께서 학급경영 시 유용하게 사용하실 수 있는 다양한 자료 파일을 제공하고 있습니다.
본격적으로 책을 정독하시기 전에 아래의 링크를 열어
‘꼭’ 자료 파일을 다운받으신 후 책을 읽어주세요.

아래와 같이 ‘자료 있음’ 아이콘이 있는 부분은
선생님들께서 사용하실 수 있는 참고 자료가
수록되어 있습니다. 다운로드 받으신
자료 폴더를 열어 파일을 활용해 주세요!

습관1. 가방 정리는?

등교 후 가방에서 필요한 것을 모두 꺼낸 후, 반드시 지퍼를 닫고 가방 걸이에 건다.

※ 자료 파일 다운로드는 아이스크림연수원 회원 선생님들만 가능하십니다. 회원이 아니신 선생님들께서는 아이스크림연수원 회원 가입을 먼저 진행해 주시기를 부탁 드립니다. 회원 가입은 무료입니다.

※ 자료 파일을 무단으로 공유하거나 유포하는 행위는 불법으로, 저작권을 어기는 중대한 범죄입니다. 절대 금지를 당부 드립니다.

• 자료 다운로드 받는 방법 •

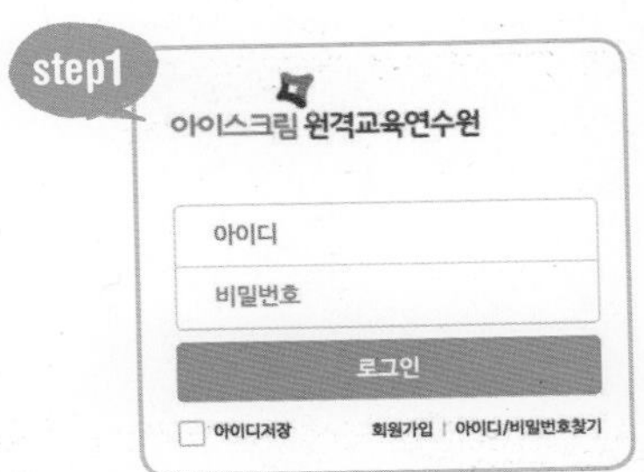

아이스크림연수원 홈페이지 접속 후 ID, PASSWORD로 로그인 하기

http://teacher.i-scream.co.kr/mutal.do로 접속하기

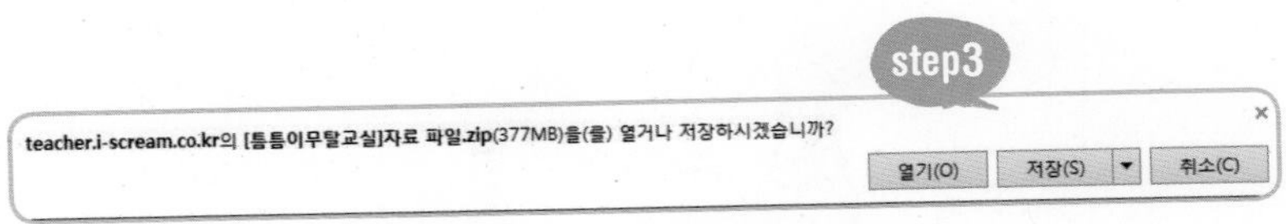

〈튼튼이 무탈교실〉 자료 파일 다운로드 받기

<튼튼이 무탈교실>
이제 시작합니다!

환영합니다!
꿈 꾸 는 교 실

간판 걸고…
무탈교실

뜨헉!
내 겨드랑이에
털이 없어~
탈 벗으라고?
쌩얼?
근데
무탈교실이 뭐야?

털 없는 겨드랑이 보면서
놀라는 사람

탈을 벗어 까꿍하는 사람

혹시 나 말하는가?
나? 무탈~ 도사

공중부양 하는 중

무를 주세요~
탈탈탈~

무 갈고 있는 갈갈이

'무탈교실'은
어느 때보다 어려운 교육환경 속에서
아이들을 위해 고군분투하시는 선생님들의
탈(頉)없는, 무탈한 학급경영을 돕기 위해
탄생하였습니다.

무탈한 학급경영을 위해서는 아이세우기, 관계세우기, 안전지키기,
공부재밌기, 습관만들기, 선생님채우기라는
요소가 필요하다고 생각하여
'무탈큐브릭'이라 명명하였습니다.

월별 학급운영 주요 활동들 속에 무탈큐브릭을 녹여
'균형감 있고 생동감 넘치는 학급운영'을
하셨으면 하는 바람입니다.

바쁜 일상 속 놓치기 쉬운 부분들을
틈틈이 챙겨드리는 '무탈교실'

선생님의 행복이
아이들의 행복으로 이어질 것을 믿습니다.

무탈큐브릭

아이세우기

가진 색은 만 가지,
그러나 세상에 단 하나!
그래서 '소중한 나'

습관만들기

소소한 것들이 꾸준히
모일 때 비로소 얻게 되는
'습관의 기적'

관계세우기

괜찮은 너와 멋진 내가
만들어가는 '행복한 우리'

안전지키기

건강한 몸과 마음으로
서로를 지켜주는
'안전한 생활'

공부재밌기

의미 있는 활동과 뇌를
자극하는 학습으로 뭉친
'즐거운 배움'

선생님채우기

학교생활 틈새를
꼼꼼히 짚어 돕는
'선생님의 보조 선생님'

3월

MARCH

잘 해야만 하는 달

아휴…바쁘다 바빠!

환 영 합

환경정리도 말끔하게!

교실청소도 해야 되고

새 학년
교육과정 작성에…

바빠~ 바빠~

교육과정

각종 학습지
인쇄, 인쇄,
인쇄!!!

걱.정.되.네

우리가 이렇게 걱정하는 이유는 여러가지다…

그럼 그럼. 그 이유는 말이지…

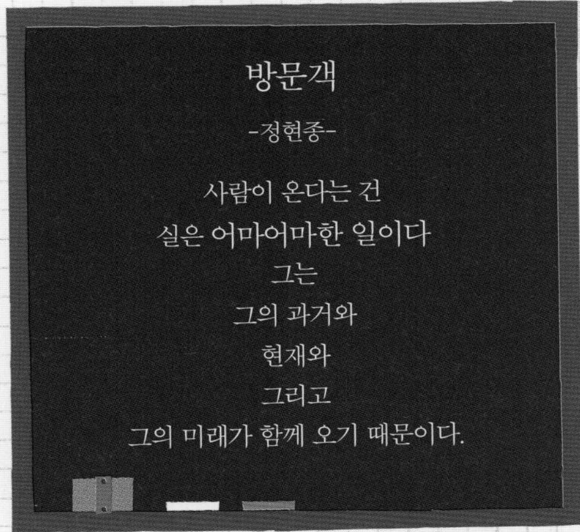

방문객
-정현종-
사람이 온다는 건
실은 어마어마한 일이다
그는
그의 과거와
현재와
그리고
그의 미래가 함께 오기 때문이다.

그리고
아이들의 부모님도 함께 오기 때문이다.

#1 3월 첫 날! 오늘의 미션은? 자료 있음

아이
세우기
관계
세우기

너희들 하고
싶은 거 다 해~

심각하지 않아도
심각하다.

인기 끌고 싶어 첫 날부터 개인기 보여 주며 그래그래 오냐오냐 잘 해 줬더니,

➜ 머리 위로 기어올라 실패!

그랬던 해를 후회하며 한 달 내내 심각한 표정으로 인상쓰고 앉아 있었더니,

➜ 비호감이라 실패!

새 학년 첫 날, 도대체 어떻게 해야 하는 걸까?

아이들과 친해져야지!

'인기 얻기'가 아니라 '친해지기'가 중요하다.
끊임없는 노력으로 매력을 발산해야 함은 기본이지만, 조금이라도 무섭거나 아이들의 기대에 미치지 못하면 안티팬•이 조장되는 것이 바로 '인기 얻기'다.
반면에 저 사람이라면 안심이 된다, 마음이 편안하다, 함께 있으면 기분이 좋다, 내가 실수를 해도 무섭지 않다는 생각이 들게 만든다면 비로소 아이들과 '친해진 것'이다.

가장 쉽고 좋은 친해지기 방법은 바로 아이들과 '마주 보기'다.
학습지와 PPT를 앞세워 아이들을 맞이했을 때도 있었지만, 눈을 맞추며 함께 호흡하는 것 이야말로 가장 빨리 친해지는 비법이다.

그럼 아이들과 마주보되 부담없이 첫 날을 열 수 있는 좋은 방법은 뭐가 있을까?

•**안티팬**: 선생님을 좋아하지 않는 아이들을 지칭함.

마주보며 부담없이 첫 날 열기

첫째. 선생님 소개하기!

❶ **자연스럽게 인사하기**
'선생님 이름은 ○○○입니다. 만나서 반가워요.'

❷ **소중한 물건 소개하기**
소중한 이유에 나의 교육 철학을 담아 이야기한다.

❸ **아이들 소개로 은근슬쩍 토스하기**
재미있는 물건들이 매개체가 되어 발표 부담이 줄어든다.

선생님에게 소중한
물건 맞춰보세요.
이 물건이 소중한
이유는 무엇일까요?

휴대폰: 단짝 친구들의 전화번호가 가득 담겨 있는 물건이니까!
볼펜: 볼펜심이 금세 다 닳을 정도로 열심히 공부했단다. 그래서 너희를 만났지.
거울: 거울 속 나를 보며 '내일은 오늘보다 조금 더 잘 해봐야지!' 하고 다짐한단다.
연필: 연필은 쓰는 건 줄만 알았는데 연필심이 손에 콕 박혀버렸단다. 안전 주의!
신발: 여행이 선생님의 취미! 너희들도 세계 곳곳을 누비기 바란다. 경험이 짱!

이쯤되면 아이들도 자기소개를 잘 할 수 있겠지?

내일은 여러분에게 소중한 물건
3가지를 준비해오세요.
그리고 그 이유를 말해주세요!

둘째. 아이들과 래포 형성, 사람 엄지 게임! (엄지 게임 변형)

1. 선생님이 미션 문장을 말한다.
2. '하나 둘 셋' 후 그 문장에 해당되는 아이들은 벌떡 일어서고, 선생님도 해당될 것 같은 아이 수를 예측하여 동시에 외친다.

와! 우리 선생님 천재!
같은 반이 되고 싶었던
친구가 우리 반에 있는 사람
하나 둘 셋!
다섯 명!

이제 나와 좀 친해졌겠지?

그럼 다음은 아이들끼리 친해지는 게임을 해보면 어떨까?

셋째. 아이들끼리 친해지기, 반가워 게임! (비빔밥 게임 변형)

1. 아이들 전체가 동그랗게 앉는다.
2. 술래는 가운데에서 다음과 같이 말한다.
   '안녕! 나는 ○○○이야.' (다른 아이들은 술래 보며 안녕~)
   '서로 인사 나누자.' (다른 아이들은 양 옆 사람 보며 안녕~)
   '나는 ~ 한 사람을 좋아해.'
3. 해당하는 사람은 얼른 일어나 자리를 바꾸고, 앉지 못 한 사람은 술래가 된다

이제 끝?

잠깐, 첫날 아이들의 동선에 따라

선생님이 준비하면 좋은 것들을 체크해 보자.

아이들이 어려워하는 부분을 선생님이 자상하게

살펴주면 아이들도 금방 마음을 열 것이다.

등교한다. 신발을 어디에 둬야 할지 모르겠다.

→ 신발장에 신발 넣는 위치를 붙여 놓는다.

교실에 들어온다. 자기 자리를 찾는다.

→ 교실 문에 선생님과 반갑게 인사하자는 미션지를 붙인다. 아이와 반갑게 인사한 후 자리를 안내해준다.

책상에 앉는다. 뭘 해야 할지 모르겠다.

→ 책상 위에 간단한 선생님 소개와 함께 삼각 이름표 만드는 방법이 적힌 미션지를 올려놓는다. 삼각 이름표 만드는 준비물도 준비한다.

공부시간이 시작됐다. 여전히 두렵다.

→ 선생님을 소개한다. 앞서 안내한 웰컴 활동을 하면서 분위기를 누그러뜨린다.

번호를 몰라 어디에 서야 할지 모르겠다.

→ 출석 번호를 알려주고, 줄 서는 연습을 해 본다.

학교에서 사용하는 물품들을 가져왔는데 어디에 둬야 할지 모르겠다.

→ 사물함 배정 원칙을 정하고 사물함을 배정한다.

교과서를 다 가져와야 하는지 궁금하다.

→ 시간표를 나눠주고 체육은 언제 하는지, 등하교 시간은 언제인지 등을 알려준다.

내일은 뭐 하는지 모르겠다.

→ 알림장을 쓴다. 가져올 준비물 안내와 중요 사항을 안내한다.

배가 고프다.

→ 점심을 맛있게 먹으러 간다.

우리 선생님 자랑을 하고 싶다.

→ 주변을 정리하고 얼른 하교 준비를 한다.

#2 단호하지만 친절한 첫 날의 무탈 원칙

첫 날 1교시의 우아한 분위기가 일 년을 갈 거라 생각하면 오산! 방심은 금물이다. 단호하지만 친절함의 법칙이 필요하다. 선생님도 아이들도 지켜야 할 부분을 잘 지켜야만 학년 말까지 좋은 관계가 유지될 수 있다는 사실을 잊지 말자.

하나. 선생님 말씀은 짧고 간단히 하자!

단호: 모든 아이들이 선생님을 바라볼 때만 말한다.

친절: 활동 안내 멘트는 미리 준비해 놓아야 아이들의 활동을 끊지 않고 말할 수 있다.

단호: 말하는 중간에 아이가 끼어들면 말을 잠시 멈추고 미소 지으며 '여러분~ 선생님 이야기가 끝난 후 얘기해 주세요.'라고 말한다.

둘. 강렬하지만 따스한 '눈빛 레이저'를 장착하자!

단호: 미소 띤 얼굴 속에 눈빛만큼은 '칼 있으마•'를 느끼게 하자.

친절: 절대 특정 아이에게만 사용하지 말고, 특정 아이의 행동 교정이 필요한 경우라면 따로 불러서 말한다.

•**칼 있으마:** 카리스마(charisma)를 희화화시킨, 선생님의 권위를 상징하는 용어

셋. 쉬는 시간에는 아이들만 쉬자!

친절: 쉬는 시간 전에 아이들과 복도, 화장실 등 공공장소에서 미리 지킬 점을 함께 약속한다.

단호: 힘들더라도 첫 날, 첫 주 만큼은 쉬는 시간에 복도로 나가서 아이들의 통행 모습을 살피고, 교실 밖 질서를 잘 지킬 수 있게 지도한다.

넷. 선생님이 직접 시범을 보이자!

친절: 화장실 사용법, 손 씻는 법, 사물함 사용법, 신발 정리법 등 사소한 것까지 직접 시범을 보인다.

단호: 어떻게 쓸고 닦는지, 청소 용구를 어떻게 정리하는지 구체적이고 세세하게 보여주는 것이 효과적이다.

다섯. 될 때까지 다시 하자!

단호: '집중'이라고 말하면, 하던 일도 멈추고 바로 선생님을 쳐다볼 수 있도록 지도한다.

단호: 줄 서서 이동할 일이 많으므로 언제나 어디서나 빠르게 줄을 설 수 있도록 한다.

단호: 책상 자리 떠날 때는 안전을 위해 의자를 넣도록 지도한다.

단호: 수업을 마치면 책상 위를 정리한 후, 다음 시간을 미리 준비할 수 있도록 하고 휴식한다.

친절: 열 번, 스무 번 다시 하더라도 온화함을 절대 잃지 말자.

그리고 명심하자!
우아하고 친절한 어조를 유지해야 모든 단호함이 효과적이다.

#3 나만큼 소중한 너

교실이 좁다보니, 배우는 내용이 똑같다보니
옆 친구와 비교를 하게 된다.
옆 아이와 비교를 당하게 된다.

오호 통재라.

똑같은 과제를 하다 보니 실력이 차이나고
실력의 차이가 아니더라도 습관의 차이 때문에
잘 하는 녀석이 이것도 저것도 잘 하는구나.

오호 통재라.

재는 잘 하는데, 나는 왜 못 할까
재는 친구가 많은데, 나는 왜 아이들이 안 놀아줄까.
재는 다 했는데, 나는 어떻게 하는 지도 모르겠어.
선생님 저 그냥 안 할래요.

오호 통재라.

어린 시절부터 겪는 좌절.
어린 아이 때부터 시작되는 무시
학교에선 이러면 안 된다고 가르치는데
교실에선 이런 게 시작되는 게 아이러니.

오호 통재라.

애써 가르쳐주자. 365일 알려 주자.
너희들은 알록달록 크레파스
한 가지 색 빠지면 아쉬운 것처럼
너도 소중, 나도 소중, 함께 할 때 더 빛나!

오호 쾌재라.

승패 가리는 게임 하지 말아야지.
서로 비교하는 습관 버려야지.
모둠 경쟁도 노노! 쓸데없는 칭찬도 금물!
보는 그대로 '인정'해 줘야지.

그런데 그거 아니?
옆 반 선생님은 체육 네 번 하는데
선생님은 왜 두 번 하냐고
너희들도 나를 다른 선생님과 비교한다면…

스스로 자신을 존중한다면, 다른 사람도 그대를 존중할 것이다.

- 공자 -

할 수 있다고 믿는 사람은 그렇게 되고, 할 수 없다고
믿는 사람 역시 그렇게 된다.

- 샤를 드골 -

우리가 가지고 있는 15가지 재능으로 칭찬받으려 하기 보다는,
가지지도 않은 한 가지 재능으로 돋보이려 안달한다.

- 마크 트웨인 -

당신이 저지를 수 있는 가장 큰 실수는
실수를 할까 두려워하는 것이다.

- 엘버트 하버드 -

#4 얘들아 잘 듣고 있니?

했던 말 또 하고, 했던 말 또 하고 짧고 굵게 요약까지 해줬건만,
했던 말 또 하고, 했던 말 또 하고…
화가 난다. 화가 난다. 진짜 **뚜껑 열린다아아아아아!!**

친절한 선생님이 되고 싶은데, 매번 같은 말을 반복하는 상황이 생기니
내 마음처럼 되지 않는다.
아직 아이들이 '듣기 훈련'이 제대로 되지 않아서인가?
그래, 뭐든 연습이 필요하지. '경청'도 훈련을 해보면 어떨까!

傾 聽
경(傾) - '기울 경' : 몸을 앞으로 기울여
청(聽) - '들을 청' : 귀로 듣고 눈으로 보고 마음으로 공감하라

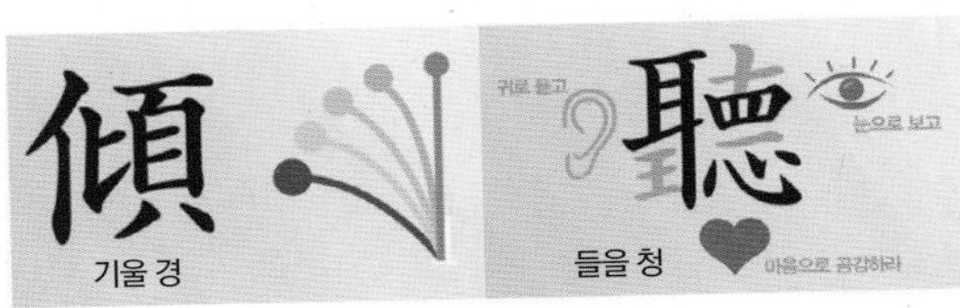

경청의 단계

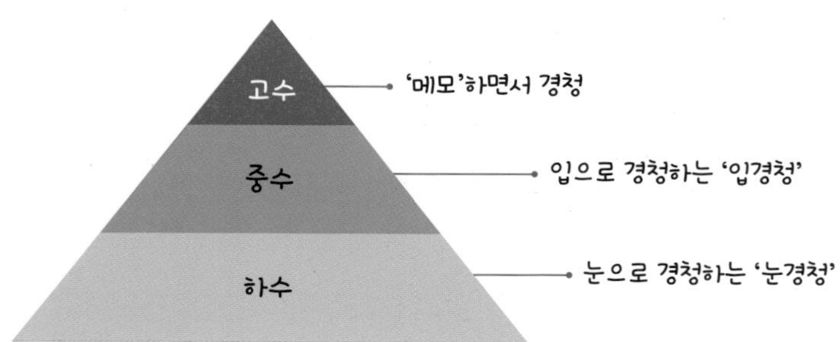

1단계. 경청 중 가장 기본은 '눈경청'

말하는 사람의 눈을 쳐다봐야 하는 것이 '눈경청'이다. 표정이나 행동 등 비언어적인 신호까지 같이 받아들일 때 이해력이 풍부해진다는 것을 인지시킨다. 만약 집중 신호가 필요하다면 '선생님을 보세요! 하나 둘 셋'보다는 '선생님과', '눈!' 같은 짧고 굵은 한 방이 효과적이다.

2단계. 그 다음은 '입경청'

'입경청'은 대답을 하거나 박수치기 등으로 듣고 있음을 알리는 것이다. '네/아니요'라는 간단한 대답부터 연습시키자. 질문이 많이 섞인 선생님의 발문은 아이들의 활발한 두뇌 활동을 돕는다.

3단계. 고수의 경청 '메모하면서 경청'

경청의 고수는 언제든 메모할 수 있도록 필기구를 옆에 두고 '메모하면서 경청'하기이다. 교과서의 윗부분은 메모 공간임을 아예 지정해두고 핵심단어, 중요단어 중심으로 적되 짧게 요약해 쓰도록 약속한다.

PLUS TIP 경청이 힘든 저학년 아이들에게는 게임으로 경청을 가르쳐 보자.

〈스노우 볼〉 또는 〈시장에 가면〉게임

앞 사람이 말한 문장을 잘 듣고, 반복한 후 내 문장을 보태는 게임이다.

스노우 볼 게임: (아이1) 놀이터에 갔다. – (아이2) 놀이터에 갔다. 미끄럼틀을 탔다. – (아이3) 놀이터에 갔다. 미끄럼틀을 탔다. 다른 친구가 왔다….

시장에 가면 게임: (아이1) 시장에 가면 '양파도 있고' – (아이2) 시장에 가면 '양파도 있고, 호박도 있고' – (아이3) 시장에 가면 '양파도 있고, 호박도 있고, 당근도 있고'….

#5 기본 생활 습관이 잘 된 어린이

초등학교 필수 교육 중 하나인 「기본생활습관교육」.

정리정돈하기, 미리 준비하기, 청소하기, 할 일 먼저 하기 등
말하면 입 아프지만 사실 나도 아직 잘 못 한다.
그래서 더 잘 알려주고 싶은
'중요하지만 참 쉽지 않은 교육'

초등학교 때 기본생활습관만 잘 갖추어도 큰 성과인 건 틀림없다.
기본생활습관교육은 가늘고 길게, 일관성 있게, 집요하게!
단, 이렇게 지도함에도 불구하고 아이들이 잘 못 하더라도 실망하지 말자.
인생 꽤 산 나도 여전히 이불 정리는 잘 못한다.

기본생활습관

습관1. 가방 정리는?

등교 후 가방에서 필요한 것을 모두 꺼낸 후, 반드시 지퍼를 닫고 가방 걸이에 건다.

습관2. 사물함 정리는?

가로로 책을 넣을 때는 파일함을 눕혀 나눠주면 좋다. 아래에 놓여 있는 책을 꺼낼 때 다른 책까지 밀려 나오는 현상을 방지할 수 있다. 세로로 책을 꽂을 때는 책이 쓰러지지 않도록, 책 옆에 갑 티슈나 물티슈를 놓아둔다.

습관3. 책상 서랍 정리는?

오른쪽에 바구니, 왼쪽엔 교과서 넣기. 이때 보조 교과서를 주 교과서 안에 넣고 교과서 이름이 잘 보이게 정리해두면 수업 전 준비가 한결 간결해진다.

습관4. 다음 수업 준비는?

쉬는 시간이 시작되면 무조건 다음 수업 교과서 또는 준비물을 책상 위에 올려둔다. 수업 시작 후 어수선해질 5분을 방지할 수 있다.

습관5. 의자 정리는?

활동 중심 수업이 많다보니 의자에서 일어나는 때가 많다. 엉덩이가 의자에서 떠나는 순간, 소란스럽지 않게 의자 등받이 부분을 밀어 책상 밑으로 넣는다.

습관6. 화장실 변기 사용은?

변기 사용 후에는 용변 본 자리에 오물이 묻어있지는 않은지, 물은 내렸는지 확인하고, 손을 비누로 깨끗이 씻고 나온다. 저학년 담임선생님이라면 '백문이 불여일견'! 직접 화장실에 인솔하여 시범 보이는 것이 확실하다.

습관7. 줄서기, 통행하기는?

'조용히', '빠르게', '안전하게', 줄 설 때 기본 태도이다. 오지 않은 친구 자리는 비워두고, 앞 사람과는 두 보폭 정도의 간격을 두고 선다. 교실을 이동할 때는 책과 필통은 잘 포개어 들고 장난 없이, 앞사람을 따라 우측으로 통행한다.

습관8. 교실 내 이동 방향, '맥퀸 방향' !!

사고가 나지 않도록 자동차들은 한 방향으로 다닐 것을 약속한다. 분단별 간격이 좁은 교실에서도 통행의 방향을 약속해두면 아이들끼리 부딪히지 않아 좋다. 애니메이션 'car' 주인공의 이름을 딴 일명 '맥퀸 방향' 은 이렇다.

❶ 조금 멀리 돌아가더라도 한 방향으로 통행할 때 더 빠르고 안전하게 통행할 수 있음을 알린다.

❷ 왼쪽, 오른쪽 중 어떤 방향으로 통행하는 것이 좋을지 의견을 나눈다.

❸ 한 방향의 이동 경로를 택한 후 여러 번 교실 통행 연습을 한다.

그리고 기본생활습관 형성 체크리스트를 활용하자.

3월부터 기본생활습관 내용을 체크리스트로 작성하여 배부하면 좋다. 한 달 동안 철저히 지도하면 4월엔 '어라~ 제법인데!' 하며 뿌듯함을 느끼게 될 것이다. 이후에는 체크리스트만 검사해도 오케이. 단, '우리 반 특성'을 살펴 체크리스트 내용을 '추가' 또는 '조정'하는 섬세함을 발휘해야 한다.

세 살 습관, 여든까지 간다.

아닌가? 고령화시대이니 백 세까지 간다.

PLUS TIP 생활습관 도우미는 어때요?

기본생활습관이 잘 형성된 것 같아도, 이것저것 조금씩은 손이 가는 아이들이 있기 마련이다. 이런 경우를 위해 생활습관 도우미를 정해둔다. 하루에 남, 여 1명을 도우미로 정한 후 반 친구들의 부족한 부분을 돕는다.

3월 0일, 날씨: 흐림
'변기에 앉는 법, 휴지 접는 법,
물 내리는 법까지 시범 보여줬다. 이런 것까지
학교에서 알려줘야 하는 거니…'

#6 칼종례 3합

홍어3합 : 홍어+돼지수육+묵은 김치

장흥3합 : 장흥산 표고+한우+관자

그렇다면 칼종례 3합은?

알림장 쓰기+책상 정리하기+청소하기!

이 삼합을 어찌 조합하느냐에 따라
칼종례가 될지, 그냥 종례가 될 지가 결정된다.
그냥 종례하면 안 되냐고요?
그러나 이 사회는 칼종례를 원하고 있는 걸…

· 방과 후 학교는 종례 이후 이동 시간만 고려하고 바로 시작된다.
· 학부모들은 조금만 아이가 늦어도 걱정을 한다. 워낙 험한 세상이라.
· 교문 밖에는 아이들을 모아 싣고 가는 학원차가 줄줄이 대기하고 있다.
· 무엇보다 다른 반 친구들이 우리 교실 창문에 좀비처럼 매달려 있다. 굉장히 안쓰러워하는 얼굴로.

칼종례를 위한 꿀 지도법 세 가지!

칼종례 삼합 첫 번째, 알림장 쓰기 지도법

❶ 제목 줄여 쓰기

숙제 ➜ (숙)　안내사항 ➜ (안)　평가예고 ➜ (평)

❷ 줄임말 이용하기

수학익힘책 ➜ 수익　가정통신문 ➜ 가통

확인만 해도 되면 ➜ 확　사인까지 하면 ➜ 사　제출해야 하면 ➜ 제

❸ 학기 초에 미리 쓰는 순서 약속하기

예시		3월 6일 수요일
1번은 학교 알림사항 2번은 학급 안내사항 3번은 통신문 4번은 과제 5번은 기타	➜	1. 내일 학부모연수 10시, 강당 2. 학급임원선출 3. 2장 사,제 4. 수익 9쪽 5. 교통신호 잘 지키기

❹ 온라인프로그램 적극 활용하기

아이○○○ 알림장, 클○○○ 알림장, 학급 홈페이지 등 급할 때는 온라인으로 보내는 것만큼 쉬운 방법이 없다. 맞벌이 학부모의 경우 퇴근길에 준비물을 사오기도 하는 등 도움을 받기도 좋다.

칼종례 삼합 두 번째, 책상 정리 지도법

책상 정리에는 왕도가 없다. 장소별로 분류하여 정리하는 방법을 적용해보자.

❶ 책상 속 바구니 정리하기

하루 종일 쓰느라 여기저기 위치가 바뀌어 있는 학용품들을 다시 제자리에 놓아두어 내일 쓰기 좋도록 정리한다.

❷ **책상 물건 분류하기**

사물함에 넣을 물건, 가방에 넣을 물건, 버려야 할 물건들을 분류하자. 각 분류별로 차곡차곡 챙긴 후 한꺼번에 사물함에 넣고, 가방에 넣고, 분리수거하여 버리도록 한다.

❸ **책상 위 쓸기**

책상 위 지우개 가루와 작은 쓰레기들을 쓸어 낸다.

❹ **책상 닦기**

걸레나 물티슈를 이용하여 책상 위의 낙서나 끈적끈적한 풀 자국을 깨끗이 닦도록 한다.

칼종례 삼합 세 번째: 청소 지도법

❶ **릴레이 청소**

각 분단 맨 앞의 아이가 빗자루로 바닥을 쓴 뒤 바통처럼 빗자루를 뒷 줄에 넘긴다. 맨 뒷줄 아이는 쓰레받기에 쓰레기를 담아 버린 뒤, 청소 도구를 정리하면 끝!

❷ **한 바가지 청소**

말 그대로 쓰레기 한 바가지 담아오면 통과!

❸ **음악 한 곡 청소**

음악 한 곡이 재생되는 동안 청소한다. 아이들의 희망 곡을 틀어주면 아주 즐겁게 청소를 할 수 있다.

❹ **모둠별 청소**

제한 시간을 두고 모둠 자리를 깨끗이 청소한다.
교실 앞, 뒤 공간은 가까운 모둠이 청소하도록 한다.

❺ **선생님이 직접 청소**

아이들 하교 후 속 편히, 우아하게 청소하는 방법도 있다.

이제부터 칼퇴근 고민!?

칼퇴근 3합: 퇴근 알람 맞추기
+ 내일 수업 완벽히 세팅하기
+ 오늘 남은 업무는 내일 하기

#7 무탈PDC로 만드는 학급규칙

자료 있음

관계 세우기

학급규칙이 있다지만, 아이들은 전혀 규칙을 존중하지 않는 느낌!
그러던 중 PDC학급회의를 알게 되었다.
"학급회의? 예전에 지각하면 벌칙으로 교장선생님께 인사하기로 결정되었던 그런 학급회의를 하라고? 말도 안 돼!"
" 정말? PDC의 핵심 원칙인 3R1H를 알게되면 생각이 달라질 껄?"

3R1H

연관성(Related) : 문제와 해결책이 관련이 있는가?
존중(Respectful) : 해결책이 존중받는 방식인가?
합리성(Reasonable) : 해결책이 합리적인가?
도움(Helpful) : 문제 해결에 도움이 되는가?

아이들이 제시한 해결방안이 3R1H의 필터링을 거친다면 꽤 괜찮은 해결방안이 나온다. 게다가 아이들이 자신들의 문제에 참여해 스스로 해결한다고 하니, 어때? 해볼 만 하지 않아?
우선 3R1H를 쉽게 기억하게끔 간단한 몸동작과 연결했다.

연관성: (왼손과 오른손을 맞잡으며) 문제와
해결방안이 관련이 있니?

존중: (두 손을 모아 받들면서) 문제 행동을
한 친구를 존중해주는 해결방안이니?
창피해하지 않겠어?

합리성: (고개를 끄덕이며) 해결방안이
합리적이니? 실천할 수 있겠어?

도움: (엄지손가락을 올리며) 문제 행동을 한
친구에게 도움이 될까? 다른 사람들에게도
도움이 되겠니?

그리고 PDC학급회의를 시작했다.

'서로에 대한 존중'과 '3R1H' 두 가지 원칙을 꼭 붙잡고.

무탈 PDC학급회의

Step1. 회의 전 의제 정하기

❶ 의제함을 설치하고, 의제로 건의하는 내용을 적어 넣기
❷ 비슷한 의제끼리 합쳐 최종적으로 의제 결정하기
❸ 시급히 의논해야 할 중요 의제가 있다면 바로 회의 실시!

Step2. 회의 분위기 형성하기

❶ '조용히, 빠르게, 안전하게' 전체 아이들이 동그랗게 앉기

❷ 서로를 존중하는 분위기 형성하기

회의의 성패를 좌우할 만큼 중요한 활동이다. 친구의 다름을 존중하기, 존댓말 쓰기, 경청하기, 부정적인 반응하지 않기, 참여 의식 갖기 등의 약속을 한 후, 허용적인 분위기 조성을 위해 서로 칭찬하고 감사하는 활동으로 시작한다.

추천활동

말하기 도구를 들고 자신이 칭찬받고 싶은 상황을 말하고 말하기 도구를 건네면, 옆 친구는 말한 친구를 칭찬한 후 자신이 칭찬받고 싶은 상황을 말한다. 자신의 장점 말하기, 소원 말하기 등으로 바꿔서 해도 좋다. 간단한 게임 후 벌칙으로 '서로 격려하기' 등의 응용 방법도 할 수 있다.

Step3. 회의하기

❶ 의제 제안하기

❷ 해결방안에 대해 브레인스토밍하기

비난하거나 부정적인 반응은 절대 보이지 말기를 약속하고 아이들이 제시하는 모든 해결방안을 칠판에 적는다.

❸ 각 해결방안에 3R1H를 적용하여 필터링을 거친 결과만 남긴다.

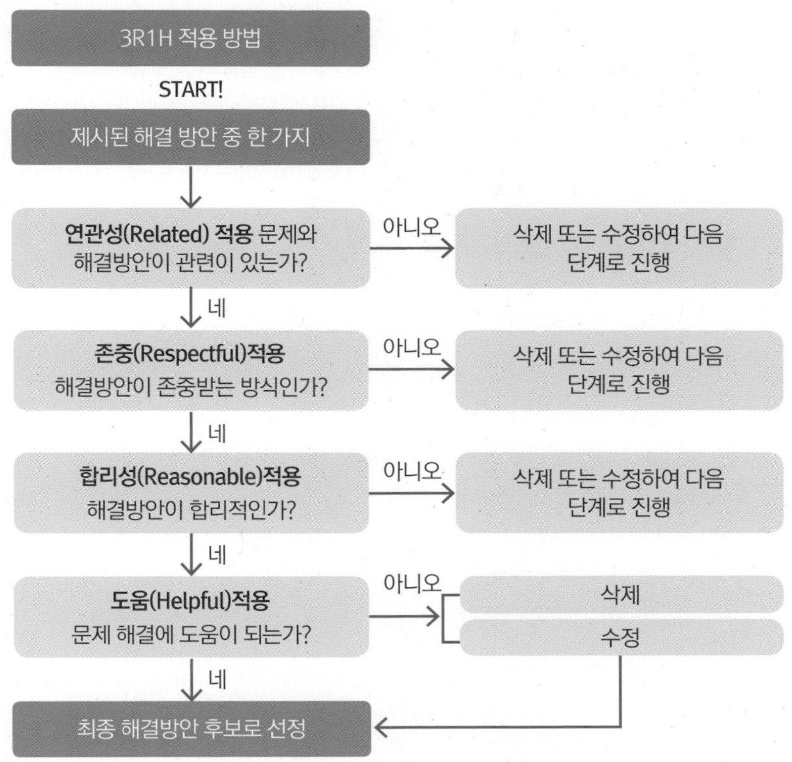

Step4. 최종 해결방안 결정하기

개인의 문제라면, 개인이 해결방안을 선택하도록 한다. 전체의 문제라면 아이들의 거수를 통해 최종 해결방안을 선택한다. 보통 최종방안을 결정할 때는 각 안에 대한 '찬성 여부'를 물어 다수결로 선택한다. 하지만 무탈PDC회의에서는 가끔씩 거꾸로 묻는다. '1번에 반대하는 사람?'하고 반대 여부를 알아본다. 찬성하지도 않지만, 딱히 반대하지도 않는 중간층 표심을 잡기 위한 것이다.

Step5. 실천 계획 세우기

최종 해결방안을 언제 어떻게 실천할 것인지 구체적인 실천계획을 세운다.

3R1H의 적용 예시

의제: 「복도에서 뛰는 친구들이 많은데 어떻게 할까?」

하나. 제안된 모든 방안 적기

· 교장실로 보낸다.
· 일주일동안 30분씩 복도 통행 도우미를 한다.
· 교실 청소를 시킨다.
· 도덕 태도 점수에서 - 5점을 한다.

둘. 3R1H의 기준에 비추어 각 방안 삭제하거나 수정하기

· 교장실로 보낸다. × (존중 위배)
· 일주일 동안 30분씩× – 수정 '10분씩' 복도 통행 도우미를 한다.
· 교실 청소를 시킨다. × (연관성 위배)
· 도덕 태도 점수에서 - 5점을 한다.

셋. 3R1H를 거친 해결책에 대해 이야기 나눈 후 거수를 통해 최종방안 선택하기

· 일주일 동안 10분씩 복도 통행 도우미를 한다. (15표)
· 도덕 태도 점수에서 - 5점을 한다. (10표)

넷. 구체적인 실천 계획 마련하기

· 최종방안: 일주일 동안 10분씩 복도 통행 도우미를 한다.
· 언제부터 시작하고 몇 교시 쉬는 시간에 도우미를 하는지 구체적인 실천 계획 결정하기
· 크게 써서 잘 보이는 곳에 게시하기

무탈 PDC학급회의의 성공 열쇠?
바로~~'서로를 존중하는 마음'이다.

#8 굿모닝! 북모닝!

아침 독서. 좋은데, 참 좋은데…

도대체 왜 안 될까?

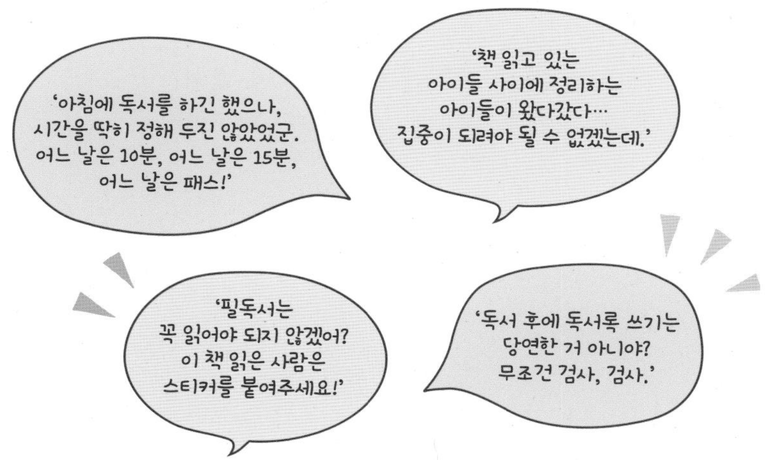

'아침에 독서를 하긴 했으나, 시간을 딱히 정해 두진 않았었군. 어느 날은 10분, 어느 날은 15분, 어느 날은 패스!'
'책 읽고 있는 아이들 사이에 정리하는 아이들이 왔다갔다… 집중이 되려야 될 수 없겠는데.'
'필독서는 꼭 읽어야 되지 않겠어? 이 책 읽은 사람은 스티커를 붙여주세요!'
'독서 후에 독서록 쓰기는 당연한 거 아니야? 무조건 검사, 검사.'

이런 상황을 다음처럼 바꿔보았더니 꿈에 그리던 우아한 아침 독서풍경을 맞이할 수 있었다.

하나. 오자마자 책을 읽을 수 있도록 전날 미리 책상에 올려두기

꼭 해야 할 일은 바로 실행할 수 있도록 상황을 만드는 게 중요하다. 아침에 등교하자마자 책상 위에 책이 놓여 있다면 잡다한 생각 없이, 잡다한 행동 없이 바로 책을 읽을 수 있다.

두 번 생각 할 것도 없이 하교하기 전, 다음날 읽을 책을 미리 책상 위에 올려두기. 오늘부터 1일이다.

둘. 과제물 제출 등은 나중에 하고 자리에 앉자마자 책 읽기

그동안 등교하면 과제물 제출, 통신문 내기, 가방 정리 등을 먼저하고 책을 읽었다. 그러나 이렇게 거두절미하고 앉아서 독서를 시작한다면? 분위기는 반전된다. 그래! 가방 정리, 과제물 제출은 1교시 시작 10분 전에 하자. 제출하는 시간이 정해져 있다보니 가정통신문도 과제도 오히려 걷기 쉽다.

셋. 신간이나 추천 도서를 신경 써서 교실에 비치하기

그래, 선생님은 도서 대출에 제한이 없지? 그렇다면, 매주 신선한(?) 책을 도서관에서 대여하여 잘 보이도록 전시하여 보자. 의외로 아이들의 호기심을 자극하여 독서에 재미를 붙일 수도 있다. 아침에 무슨 책 읽을까 고민하는 아이들에게는 그 책 중 하나를 슬쩍 권해보자.

넷. 독서록은 최대한 간단히 쓰기

독서 후 활동으로 쓰는 독서록 쓰기 활동은 간단한 것이 좋다. 독서록 쓰는 게 싫어서 독서가 싫은 아이들도 있기 때문이다. 독서의 몰입을 높이기 위해서 독서록은 한 줄만 써도 충분하다. 아니 이조차도 내려놓자. 맘 놓고 그냥 책을 읽고 즐길 수 있도록 하면 어떨까?

다섯. 선생님도 함께 읽기, 꼭!

조용한 아침은 나의 영혼을 채우기 위한 황금시간이다. 아침 햇살 받으며 오롯이 독서만 할 수도 있는 이 귀한 10분 기회를 더 이상 놓치지 말자.

"지금부터 책 읽기 시간입니다. 누가 돌아보니?" 이런 말들도 할 필요 없다. 잘 보이는 곳에서 나부터 책을 읽으면 자연스럽게 아이들이 따라 읽는다.

아침독서 10분간은 전화도 사절한다.

아침에 나에게 전화 거시는 모든 분께 이 자리를 빌려 양해를 구한다.

거두절미, 인절미

- **거** 거침없이 교실에 도착하자마자
- **두** 두 번 생각할 것도 없이
- **절** 절대로 다른 것 하지 않고 자리에 앉아
- **미** 미련 없이 책을 연다.
- **인** 인내심을 가지고 즐기면서 10분 독서한다.
- **절** 절대 옆 사람과 이야기 하지 않는다.
- **미** 미친 듯이 책 속에 빠져든다.

#9 잘 뽑은 임원 하나, 한 학기가 좋을씨구

관계 세우기

새 학년이 시작된 후 얼마 안 돼 실시한 임원선거.

"너희들은 어떻게 알고 임원을 뽑았니?"

3학년은 너무 후보가 많이 나오고, 6학년은 너도 나도 안 하려고 하고, 게다가 인기투표인지, 임원투표인지.
혹시나 과정이 잘못 되어 민원이라도 발생하지 않을까 하는 마음에 학교 매뉴얼을 읽고 또 읽은 후 임원선거를 무사히 마쳤다.

그러나 '잘 한 게 맞나?' 하며 훅 밀려드는 아쉬움.
'민주시민교육의 첫걸음인 선거를 잘 가르치면 좋을 텐데!'

그렇다면 임원 선출, 어떻게 진행해야 할까?
그래서 스스로에게 물어보았다.

'아이들과 사전에 어떤 활동과 대화를 해야할까?'
'학급임원이 별 것 아니라는 생각은 하지 않도록 돕는 방법은 없을까?'

학급임원선거 사전 활동

자료 있음

하나. 리더란 어떤 사람인가?

슈바이처, 링컨, 김만덕의 예화를 통해 리더의 개념을 생각해보게 한다.

둘. 리더십 덕목 뭐가 있을까?

모둠별로 중요한 가치를 선택하고 이유를 발표하게 한다.
어려운 말이 있다면 선생님이 미리 풀이해준다.

정직 자신감 가능성 책임 정의로움 재치 창의 겸손 도전 분별력 자신감 지혜 사고력 효심 대처능력 용기 성실 독립정신 끈기 봉사 침묵 자발 가능성 근면 감각적

셋. 내가 임원이 된다면?

아이들 전체에게 '임원공약 양식'을 준 뒤 임원이 되었을 경우를 가정하여 공약을 써보는 시간을 갖는다. 구체적인 상황을 준다면 좀 더 쉽게 공약을 쓸 수 있을 것이다.

· 선생님이 안 계실 때
· 청소를 안 하는 친구를 발견했을 때
· 친구들이 싸울 때
· 친구가 다쳤을 때

학급임원선거 당일 활동

'오~ 어제 배워서 그런지 오늘 임원선거를 대하는 눈빛이 달라 보이는데? 어제의 열정을 그대로 이어서 오늘 제대로 된 민주시민교육 한번 해보자. 아자!'

하나. 반 전체 선서식 거행하기

때론 의식을 거창하게! 소속감과 책임감 상승의 날로 삼자.

선서
나, ○○○(아이본인이름)은 학급임원 선출에 있어, 후보자의 공약을 귀 기울여 들으며, 공정함과 비밀유지의 선거를 할 것을 엄숙히 선서합니다. 또한 당선된 학급임원을 도와 ○○○한 반을 만들기 위해 노력할 것을 약속합니다.
○○년 ○○월 ○○일 ○○초등학교 ○○○

둘. 공약발표 하기

순서를 정해서 공약을 발표한다.

셋. 낙선한 아이들 마음 챙기기

낙선한 아이들의 상심은 생각보다 크다. 따로 불러서 마음을 보듬어주고, 선거에 출마했던 용기와 성심껏 준비한 과정을 칭찬해주자

학급임원선거 활동

시간이 허락한다면

토론회 하기

TV에서 보듯 대통령 선거처럼 후보 간에 토론회도 할 수 있다. 선생님이 미리 학급에서 생각해볼 만한 주제 2~3개를 준비한다. 공약과 간단한 주제를 놓고 후보자 간 토론회를 한다.

학급임원선거 당일, 선거만큼 중요한 개표 꿀팁!

개표과정의 공정성과 민원방지를 위한 점검도 놓치지 말자!

1. 선거 전 임원선거 매뉴얼을 반드시 읽어보자.

학교마다 같은 듯 미묘하게 다른 내용이 있다. 늘 하는 임원선거라고 방심했다가 성가신 민원이 발생할 수 있다.

2. 투표용지와 투표 참여 인원수가 같은지 확인한다.

투표 시작 전에 1인 1표를 선생님이 직접 나눠주는 것이 중요하다. 그리고 개표 전에 반드시 한 번 더 확인하자.

3. 무효표에 대해 사전에 꼭 안내한다.

성 빼고 이름만 쓴 경우, 선 밖으로 나간 이름, 남녀 이름을 바꿔 쓴 경우 등 무효표에 관한 규정도 매뉴얼에 있을 것이다. 무효표 1장이 당락을 가를 수도 있으니 사전 안내 후 엄격히 적용한다.

4. 애매할 땐 우선 멈추고 문의한다.

해석이 불분명한 일이 투·개표 중에 벌어질 경우, 진행을 멈추고 담당 선생님께 확인 후 진행한다.

5. 개표 결과를 사진으로 남기고, 투표용지도 보관하자.

혹시 모를 상황을 대비해 개표 후 결과를 사진으로 남기고, 투표용지도 보관하자!

#10 학부모총회 완벽 커버

3월의 미션?

아이들과 친해지기!

학부모들에게는?

신.뢰.받.기!

오늘 할 학부모총회에 방점을 찍어야 하는 이유이다.

첫인상은 8초 안에 좌우된다고 하니까…!

열심히 화장을 한다

전문가 포스가
느껴지는 정장을 고른다

완벽 변신한 무탈쌤.
'어머니, 저를
믿으셔야 합니다.'

그러나…

무슨 말을 꺼내야 할지 잘 몰라 버벅대서 이불킥!
TV 방송 안 나와 진땀 나던 기억으로 이불킥!
분위기 풀어본다고 농담했더니 쎄~했던 기억으로 이불킥!
이번에는 모든 걸 완벽히 준비했어. 하지만,
학부모 단체 자리 채우느라 야심 차게 준비한 내 교육관 말할 시간도 없었네. 결국 이불킥!!

예전의 아팠던 기억을 딛고, 올해는 전, 중, 후반으로 알차게 준비해서 '신뢰 받기' 성공해야지.

학부모총회 전 준비 

- 우리 학급 안내사항이 간단히 적힌 유인물 만들기
- 학부모 단체 회원 정하기
- 방송장비 체크하기
- 학부모 자리배치 정하기
- 시작 분위기 생각해두기

학부모총회 중 안내사항

· 담임 소개

· 학급경영관 소개

· 이번 학년 교과목 소개(과목, 시수, 특히 저학년 통합교과 등)

· 이번 학년에 갖추어야 할 습관, 능력, 역량

· 교과 평가 안내

· 숙제, 일기, 좌석배치방법 안내

· 아침 등교 및 하교시각

· 알림장과 가정통신문 확인 안내

· 학교, 학급 주요 행사 안내

· 결석(결석계 안내, 병결 처리 서류, 경조사 결석일수 등)

· 개인 체험학습 안내

· 방과 후 학교, 돌봄 교실 안내

· 가정 협력사항

· 담임선생님 연락처 안내 등

학부모총회 후 할 일

참석하지 못 한 학부모에게 유인물 발송

총회를 마치고 집으로 돌아가시는

학부모들의 뒷모습에서 안심이 묻어났다.

#11 학부모 상담 완벽 커버 1

우리 아이 학교생활? 내가 더 잘 알지~
뭐 특별한 이야기가 있을까?
그래도 안 가면 아이한테 무심하다고
생각하시는 거 아니야?
찍히는 건(?) 아닌가 몰라.

학부모 마음의 소리

어제 숙제 안한 거,
그저께 친구와 싸운 일.
선생님이 부모님께
다 말씀하시는 건 아닐까?
어휴~ 걱정된다. 걱정 돼.

아이들 마음의 소리

이 바쁜 중에 상담까지!
업무가 태산이로세
ㅠㅠ

선생님 마음의 소리

이 모든 마음의 소리가 3부 합창으로 들려온다.

그래도 준비된 자를 이길 순 없지.

아이들과 학부모의 마음을 안심시킬 수 있는 상담 자료 3종 세트!

상담자료 3종 세트

자료 있음

[자료 1] 우리 반 아이들 마음읽기

저, 중, 고학년용으로 발달 단계에 따른 맞춤식 학습지, '쉿! 나의 비밀 이야기'를 준비한다. 아이들이 비밀리에 작성할 수 있도록 해야 하며, 작성한 내용은 꼼꼼히 읽어본 후 특이사항은 메모 해둔다. 특히 교우관계 등에 대한 내용은 절대 누설되지 않도록 잘 관리하는 것이 핵심이다.

[자료 2] 학부모의 궁금증 파악하기

자녀들의 학교생활에 대한 궁금증을 미리 알아볼 수 있도록 '학부모 상담 전 설문지'를 배부한다. 상담일 전에 미리 궁금증을 파악하면 훨씬 매끄러운 상담이 될 것이다.

[자료 3] 학부모 예시 질문 준비하기

상담 당일, 학부모와 자녀에 대한 이야기를 바로 꺼낸다는 건 정말 어려운 일이다. 예시 속 가벼운 질문을 주고받으며, 긴장도 풀고 여유를 찾아보자. 중간에 정적이 흐른다 싶을 때 활용하는 것도 훌륭한 전략이다.

드디어 장시간의 학부모 상담이 끝났다.

그래도 끝난 게 끝난 것이 아니다. 이제부터 할 일은?

학부모가 알려준 각 아이별 특징을 기록해두고 지속적으로 살핀다. 학부모가 특별히 강조 또는 요청하는 내용은 아이에게 적용한다. 만약 "내성적이라 걱정이에요. 공부시간에 발표를 좀 더 적극적으로 했으면 좋겠어요." 라고 부탁한다면 그 아이에게는 좀 더 많은 발표 기회를 준다.

이제 겨우 한 고비 넘겼다.

휴우~

깊은 안도의 한숨 속엔 아이들에 대한 이해와 학부모의 염려에 대한 공감도 함께 묻어나왔다.

그때! 한 학부모가 상담을 끝내고 일어서며 건넨 결정적 한 마디!
빈말이라는 걸 알지만 나에겐 큰 힘이 되었다.

우리 아이가
올해 선생님 너무 좋은 것 같다며
학교 가는 게 즐겁대요.^^

#12 마르고 닳도록 안전교육

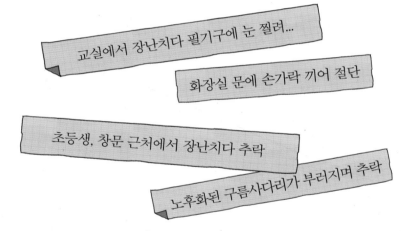

교실에서 장난치다 필기구에 눈 찔려...

화장실 문에 손가락 끼어 절단

초등생, 창문 근처에서 장난치다 추락

노후화된 구름사다리가 부러지며 추락

이런 기사들을 접하면 덜컥 겁이 난다.

며칠 사이 우리 반에서도 위험한 순간들이 포착되기 시작해서 더욱 두렵다. 이럴 때 필요한 건 뭐?

바로 '안. 전. 교. 육!'

평상시 이렇게나 안전교육을 하는데도 부족하다.

급식실에서는요?
계단에서는요?
복도에서는요?
뛰지않기!×2
당연히
뛰지 않기!

그럼 어디서 뛰나요?
뛰고 싶어요!
운동장에서는요?
운동장에서 뛰기!
단, 주변을 항상 살피며…

안전교육

자료 있음

알림장에도 안전 교육을 담을 수 있다!

알림장 쓰기 직전, 오늘 우리 반에서 있었던 아찔한 순간, 위험한 순간들에 대해 다시 한 번 강조하고 반성하며 이야기 나눈 후, 알림장에 주의할 점을 적어주는 방법이다. 리스트를 만들어 컴퓨터 옆에 붙여 두고, 그 날 상황에 맞는 문구 한 줄씩 알림장에 적어주면 좀 더 생활밀착형 안전교육이 되고 교실 내 위험한 상황도 줄어드는 효과가 있다.

장소별로 달라지는 안전 교육을 잊지 말자!

특정 장소마다 도사리고 있는 위험한 요소들이 있다. 화장실, 급식실, 과학실, 학교 밖에서는 도로 등. 장소에 따른 안전교육 내용 또한 콕 짚어서 달리 해주어야 한다.

게임을 통해서도 안전 교육을 할 수 있다!

아이들은 몸으로 익힐 때 가장 쉽게 받아들인다. 특히 저학년은 말로만 전달하는 것이 버거울 때가 있다. 이럴 때 사용하면 좋은 '게임을 통한 안전교육', 서로 맞히려고 안간힘을 쓰다보면 저절로 안전도 습득된다.

PLUS TIP

감염병 등 질병 예방 교육

학년이 바뀌는 신학기에는 긴장감 속에 밀폐된 교실 공간에서 생활하게 되는데, 이때는 감염병이 쉽게 전파될 수 있어 주의가 필요하다. 서울시교육청에서 제작 배포한 '독감? 수두? 새학기 주의해야 할 감염병 예방법' 자료를 사용해 보자. 가장 쉬운 '손 씻기' 만 잘해도 질병 예방 효과가 톡톡하다는 사실! '감염병 예방의 시작은 올바른 손 씻기' 동영상과 함께 건강한 우리 반을 만들어 보자

#13 학급재산 리스트 (학급운영물품•)

선생님 채우기

나는야 학교 만수~르~
필요한 건 모두 우리 반에 있어.
필요할 땐 언제나 손 뻗으면 해결!
우리 반 재산목록 지금부터 공개, 히릿!

먼저 게임용품~
금방 끝나는 거 좋아 (끝나지 않았는데 종치면 딱 질색~)
규칙 쉬운 거 좋아 (이해 못 한다고 무시하거든~)
참여자 수 제한 없는 거 좋아 (이미 다 찼어. 넌 못 해. 노노)
할리 갈리, 카프라, 젠가, 텀블링 몽키, 공기놀이, 스택스. 컴온!

학습용품은 언제나 좋아.
주사위는 기본! 팀 조끼도 기본!
피구공도 기본! 접시콘은 옵션 같은 기본!
감정카드, 대화카드, 직업카드… 카드란 카드는 뭐든지 오케이!

•**학급운영물품**: 학급운영비, 과학교구 구입비, 체육교구 구입비 등 학급물품을 장만하는데 사용 가능한 관련 예산이 여러군데 있습니다. 각 예산의 사용 지침을 잘 보고 항목에 맞게 구입하세요!

나의 일을 도와주는 물품도 좋아.
전자 호루라기, 재단기, 각종 도장, 연필깎이
물레방아 테이프 커터, 디지털 타이머
롱 스테인플러, 마이크, 무선마우스
집 장만 하기 전에 이것부터 장만해.

기본 물품도 챙겨놔야 해.
필통 없이, 알림장 없이, 실내화 없이, 우산 없이!
어떻게 그리 쉽게 등교할 수 있니.
분실물 버리기 전 쟁여놔 봐.
언젠가는 유용하게 사용할 수 있어.

BUT! 계속 계속 안 챙겨오네?
엄마 학교에 다 있어요. 안 챙겨가도 돼요.
Oh My God!!! 초딩아! 개념도 두고 오니.

이렇게 마련하니 이사할 때 1톤 트럭!
어쩌나 저쩌나 버려야 하나 옮겨야 하나.
가져 가! 다 챙겨! 없으면 아쉬워!
정신없고 바쁜 매일매일 교사 생활
이런 물건 없을 때 멘붕은 삽시간! 유남쌩*~

* **유남쌩**: You know what i'm saying 의 준말

4월

APRIL

잘할 수 있을 것 같은 달

무슨 좋은 일 있니?

생각보다 꽤 잘 보낸 3월!

올해는 책으로 배운 내용을
제대로 실천할 수 있을 것 같아요!

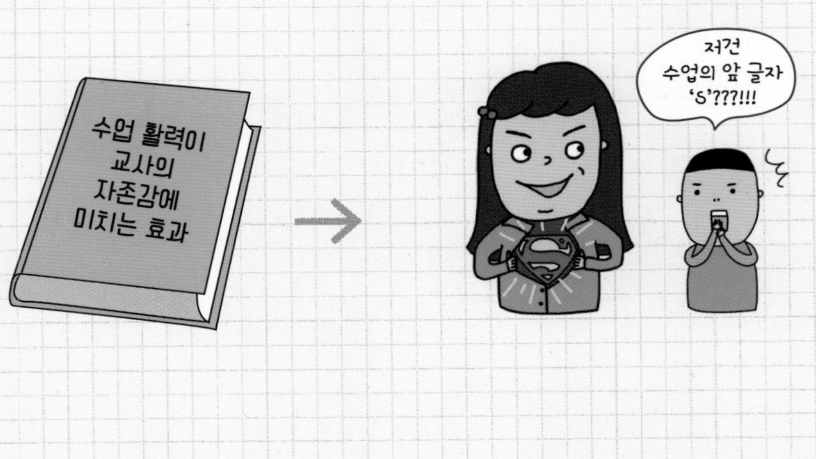
수업 활력이
교사의
자존감에
미치는 효과
저건
수업의 앞 글자
'S'???!!!

주제 일기를
통한 쓰기
능력 신장
무려 한 권이나
써오다니!
선생님!
어제 일기요!
일기

현장 체험
학습이
아동 진로에
미치는 영향
헉! 현장학습에 삘 받아
오지탐험가가 되다니…
선생님!
드디어 146개국
정복했습니다.

#1 모두가 즐거운 놀이 활동

'아이들이 진짜 좋아하는 건 뭘까? 그래, 놀이다!'

정들어가는 아이들을 위해 야심차게 준비한 학급 놀이이건만,
"안 하면 안 돼요? 진짜 재미없어요."
"졌어요. 짜증나요."
"재가 반칙 썼다고요!!"
라는 말이 들릴 때면 한없는 자괴감이 몰려온다.

그래서 이번에는 '자존감 향상+교우 관계 개선+학급 공동체 의식 함양' 모두 도모할 **'공동의 목표'를 활용한 놀이**를 구안해 보았다.

먼저 투명한 '사탕통'을 준비해 놓는다.
게임에서 이긴 아이나 모둠은 사탕을 갖는 것이 아니라
'우리'를 위해 '사탕통'에 적립한다.

'미션을 달성하는 사람이 많을수록 적립되는 사탕의 개수가 많아지겠지?'라고 아이들에게 안내한 후에 게임이 끝나면 '사탕통'에 담긴 사탕을 전체 아이들이 골고루 나누어 먹는다.

1. 훌라후프 전달하기

친구들과 잡은 손을 놓지 않고 훌라후프를 처음부터 끝까지 전달하는 게임.

보상: **사탕 10개**

2. 실내화 농구

기준선에서 발로 실내화를 던져 훌라후프에 넣는 게임.

보상: **성공한 실내화 개수만큼**

3. 줄넘기 림보

줄넘기의 높이를 점점 낮추면서 즐기는 림보 게임.

보상: **가슴 높이를 통과한 아이 수만큼**

4. 몸으로 글자 만들기

모둠원들과 주어진 시간 내에 미션 글자를 몸으로 만드는 게임.

보상: **완성한 모둠 × 3개**

누가 누가 잘하나?
기죽이지 말고
모두 모두 잘 하자.

용기를 주어
밝게 곧게
무럭무럭
자라게 하자.

- 송근영·아동문학가, <다르게 크는 아이> 중에서 -

#2 주별 일기 주제 자료 있음

일기쓰기를 과제로 내줄 때는 아이들이 일상생활을 되돌아보며 생각도 다듬고, 반성도 하고, 다짐도 하게끔 하는 순기능만 염두에 두었다. 그러나 막상 아이들의 일기장을 열어보면 '일어났다. 학원 갔다. 잠을 잤다.'로 가득할 때가 대부분이다.

그래! 지도가 필요한 시점이다. 주별 일기 주제를 정해주면 어떨까?

할 일도 많은데 일기 주제를 매 주마다 생각하는 것도 머리에 쥐가 나는 일.
미리 달력을 보고 계절에 맞춰, 학교행사에 맞춰, 국경일에 맞춰 일 년치 주제를 만들어 놓았다. 그리고 책상 옆에 붙여 놓았다. 매주 주제를 알려주어도 좋고, 아예 학년 초에 아이들의 일기장에 떡! 붙여 놓아도 좋겠다. 어차피 사생활 침해라는 이유로 개인적인 일기 내용은 검사도 하지 못 하는 지금. 주제 일기 쓰기를 통해서라도 글 쓰는 연습을 한다면, 학부모가… 아니아니 선생님이 보람 있지 않을까?

#3 골칫덩어리 미세먼지 자료 있음

미세먼지로 인한 교실 셀프 감금 시기가 돌아왔다.

"선생님이 운동장 체육 싫어서 미세먼지 핑계 대는 거라 오해하지 말아줘. 얘들아~ 나도 나가는 게 좋아~"

오늘 하면 체육을 3일 기다린 게 되지만,
내일 하면 4일 기다리는 게 되잖아요!

오늘도 우리 아이들은 사슴 같은 눈망울로 계속 묻고 또 묻는다.

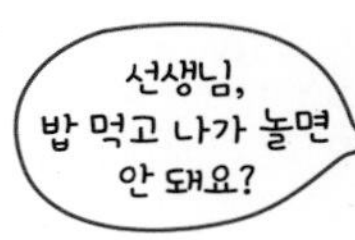

밥 먹고 나가 놀면

설마 오늘 또
체육 못 해요?

미세먼지 나쁨이라잖아.

저희는 괜찮아요
선생님! 제발요. 네네??

순간 생각에 잠겼다.

'아이들은 미세먼지가 얼마나 위험한지 알고 있는걸까?'

그래서 오랜 시간 유튜브를 뒤지고 뒤져 영상자료를 준비했다.

미세먼지의 유해성에 대한 경각심을 일깨워 줘야 하니까!

건강과 환경보호에 대해 조금이라도 관심을 갖게 해야 하니까!

열 마디의 말보다 10분 동영상이 나을 때도 있으니까!

미세 먼지의 유해성을 알리는 영상자료 모음

저학년용: 작고 작은 미세먼지 미세먼지 대처법 (4분 21초)

고학년용: 생로병사의 비밀 보이지 않는 적 미세먼지 (14분 39초)

전 학년용: 모래그림 동영상 1편 (3분 4초), 모래그림 동영상 2편 (3분 28초)

영상을 보고 난 후, 진정 나갈 수 없다는 사실을 깨닫게 된 아이들은 좀 시무룩해져 있다.

아무래도 안 되겠다!

우리 아이들이 계속 숨 쉬고 살아가야할 지구인데, 지금이라도 공기를 깨끗하게 만들 방법을 찾아야 하지 않을까?

"얘들아! 다시 공기를 맑고 깨끗하게 만들 방법은 없을까?"

다음 장에 계속…

#4 나무야 도와줘! 자료 있음

미세먼지가 공기를 병들게 하고 우리의 건강을 위협한다는 사실을 알게 된 이상 이대로 있을 수는 없다.
우리가 할 수 있는 어떤 것이라도 시작해야지.

며칠 뒤면 식목일이다.
우리 반 아이들과 함께 미세먼지를 줄일 수 있는 방법 중 하나인
나무의 소중함을 알려주는 수업을 해보았다.

4월 5일! 여러분은 이 날이
무슨 날인지 알고 있나요?

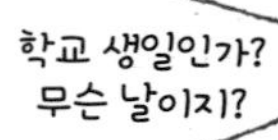
학교 생일인가?
무슨 날이지?

바로 식목일이에요.
그러면 식목일이 무엇을
하는 날인지 아는 친구?

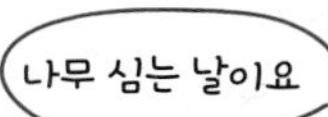
나무 심는 날이요

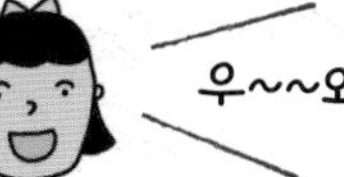
우~~와

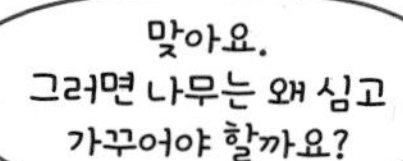
맞아요.
그러면 나무는 왜 심고
가꾸어야 할까요?

왜지?
왜지?

나무가 우리를 위해
아주 중요한 일을 하고 있기 때문이예요.
영상을 보면서 알아볼까요?

산소를
만들어요
나무를
심어야
하는 이유

이렇게 나무가 산소도 만들고
공기도 맑게 해주는걸 알았으니 나무를 심고
잘 가꾸어야 할 이유가 생긴거지요?

네!

그럼 노래로 나무에게
고마움을 표현해볼까요?

나무야
고마워~♪

여러분, 나무와 친구가 되는
상상을 해 본적 있나요?

아낌없이 주는
나무
아낌없이 주는
나무 샌드아트

자신의 모든 것을
내주다니!
흑, 눈물나

나무야,
정말 고마워!

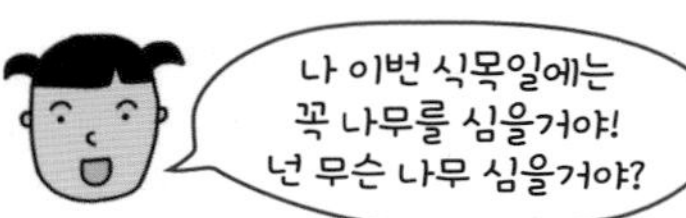
나 이번 식목일에는
꼭 나무를 심을거야!
넌 무슨 나무 심을거야?

글쎄, 무슨 나무
심어야 되지?

나무를 심기 어렵다면
식물을 심어도 괜찮아요~

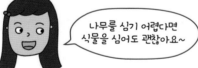

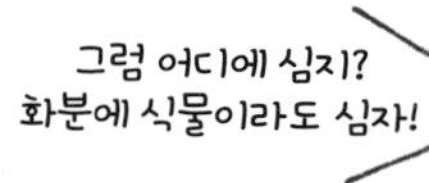
그럼 어디에 심지?
화분에 식물이라도 심자!

선생님~ 그럼 무슨 식물을
심어야 할까요?

미세먼지도 없애주고 공기도 맑게 해주는 나무!
오늘은 화단에 핀 꽃에게도 고맙다고 인사하고
집에 가면서 만나는 가로수에게도 인사를 하는
마음 따뜻한 친구들이 되길 바래요.

여기를 보세요:

NASA가 발표한 공기정화식물 1~50위

NASA가 발표한 공기정화식물 1~50위					
1	아레카 야자	18	필로덴트론 에루베스센스	35	그레이프 아이비
2	관음죽	19	싱고니움	36	맥문동
3	대나무(세이브리찌) 야자	20	디펜바키아 콤펙타	37	덴드로비움(서양란)
4	인도 고무나무	21	테이블야자	38	접란
5	드라세나데레멘시스	22	벤자민 고무나무	39	아글라오네마
6	헤데라(아이비)	23	쉐프렐라	40	안스리움
7	피닉스 야자	24	베고니아	41	크로톤
8	피쿠스아리	25	필로덴트론 세룸	42	포인세티아
9	보스톤고사리	26	필로덴트론 옥시카디움	43	아잘레아
10	스파티필름	27	산세베리아	44	칼라테아 마코야나
11	행운목	28	디펜바키아 카밀라 (마리안느)	45	알로에베라
12	포토스(스킨)	29	필로덴트론 도메스티컴	46	시크라멘
13	네프롤레피스 오블리테라타	30	아라우카리아	47	아나나스
14	포트맘(개량국화)	31	호마르메나 바르시	48	튤립
15	거베라	32	마란타	49	필레놉시스(호접란)
16	드라세나 와네키	33	왜성바나나	50	칼랑코에
17	드라세나 마지나타	34	게발선인장		

#5 질문으로 여는 수업 (학생 편)

공부 재밌기

'하브루타, 하브루타!' 요즘 교사 연수에서 많이 듣는 단어 중 하나다. 답하는 것도 어려워하는 아이들인데, 어떻게 하면 질문까지 만들게 할 수 있을까?

'단어' 떠올려 질문

말 그대로 어려운 단어, 재밌는 단어에 대해 물어보는 질문이다.

예) 벼락부자의 '벼락'의 뜻은 무엇일까?
예) '벼락부자'라는 말은 언제 사용할까?

'육하원칙' 떠올려 질문

'언제, 어디서, 누가, 어떻게, 무엇을, 왜'를 주어와 동사 사이에 집어 넣어도 순식간에 6개의 질문이 완성! '백설공주+육하원칙+잠들었다'의 원칙으로 만들면 된다.

예) 백설공주가 '언제, 어디서, 어떻게, 왜' 잠들었을까?
예) 누가 백설공주를 잠들게 했을까?

'나' 떠올려 질문

제시된 상황에 나를 대입해보는 질문. 상황 내 다른 사물이나 사람에 나를 대입해도 좋다.

예) 내가 백설 공주였다면 사과를 먹었을까?

예) 나에게 사과를 먹으라고 한다면 어떻게 했을까?

'나'로 더 이상 만들 질문이 없다면, '너', '우리', '동물' 등으로 확장해보자.

'만약' 떠올려 질문

'만약~'을 넣어 일어나지 않은 상황을 가정하여 질문을 만들 수 있다.

예) 만약 백설 공주가 일곱 난장이를 만나지 못했다면 어떻게 됐을까?

예) 만약 백설 공주가 사과에 독이 든 것을 알았다면 어떻게 됐을까?

'비교' 떠올려 질문

다른 어떤 것과 비교를 하는 질문을 만들 수 있다.

예) 백설공주와 왕비 중 누가 더 자신을 사랑하는 사람인가?

예) 일곱 난장이와 백설공주 중 누가 더 즐겁게 열심히 사는 사람인가?

'매의 눈' 떠올려 질문

'매는 사람보다 8배나 더 잘 볼 수 있대. 매가 하늘을 날며 상황을 한 눈에 내려다 보는 것처럼 질문을 만들어 보면 어떨까?' 라고 설명하며, 상황에 대한 종합적 이해를 묻는 질문 만들기를 유도한다.

예) 이 상황이 벌어진 이유가 무엇일까?

예) 글쓴이는 어떤 생각을 가지고 이 이야기를 썼을까?

예) 이 이야기에서 얻을 수 있는 교훈은?

질문이 정답보다 중요하다.
만약 곧 죽을 상황에 처했고, 목숨을 구할 방법을
단 1시간 안에 찾아야만 한다면 1시간 중 55분은
올바른 질문을 찾는데 사용하겠다.
올바른 질문을 찾고 나면 정답을 찾는 데는
5분도 걸리지 않을 것이다.

#6 질문으로 여는 수업 (선생님 편)

이제 아이들은 질문을 잘 만드는군.
그렇다면 나도 질문으로 아이들의
호기심을 자극하며 '주거니 받거니'의 수업을
운영해야 할 때가 도래했단 말인가?

양경윤 선생님* 께서는 다음과 같이 제안하셨다.

"교사는 질문을 던짐으로써 학생들의 질문들을 학습 주제에 연결해 주는 역할을 해야 합니다. 여기서 수업을 이끌어 가기 위한 배움주제와 관련한 교사의 질문을 '핵심질문' 이라고 하며 이는 단위 수업 시간에 성취해야 할 학습주제나 성취 기준에 관련된 것이어야 합니다."

* **양경윤 선생님:** 교실이 살아있는 질문 수업(즐거운 학교, 2016)의 저자

핵심 질문을 만드는 4가지 방법

첫째, 공부할 문제를 질문으로 바꾸세요.

핵심질문을 만드는 가장 기본적 방법입니다. 만약, 학습목표가 '광고의 표현 특성을 알 수 있다' 일 경우 '광고의 표현 특성은 무엇일까?', '광고는 어떤 표현 특성을 가지고 있을까?' 가 핵심 질문이 되겠죠.

둘째, 학습자가 행동할 수 있는 방향으로 질문하세요.

학습목표가 '행복한 교실을 만들기 위한 토론을 해 보자' 일 경우 '행복한 교실을 만들기 위한 토론을 해 볼까요?라는 단순 권유형 질문은 좋지 않습니다. '행복한 교실을 만들기 위한 토론은 어떻게 할까요?'라고 토론 방법론을 묻는다면 옆길로 새는 것이 되겠지요. '행복한 교실을 만들기 위해서는 어떻게 해야 할까요?' 라고 학습자가 행동할 수 있는 방향으로 제시하는 질문이 좋습니다.

셋째, 최종목표에 도달할 수 있게 질문하세요.

학습목표가 '시의 특성을 알고 낭송할 수 있다'처럼 학습목표 2개가 섞여 있는 경우 최종목표에 도달할 수 있는 하나의 질문으로 만들어 제시하는 것이 좋습니다. 특히 2가지 질문 중 포함관계를 따져서 더 큰 범위의 질문으로 제시하세요. 핵심질문은 '시를 잘 낭송하려면 어떻게 해야 할까요?'가 되겠죠.

넷째, 권유형 질문은 평서형으로 바꾸어 질문하세요.

'계절에 따라 별자리가 달라지는 까닭은 무엇일까요?'처럼 핵심질문이 교과서에 제시된 경우는 그대로 사용해도 좋습니다. 그러나 '간이 사진기를 만들어 볼까요?' 같은 평서문과 다름없는 경우에는 '간이 사진기를 어떻게 만들면 좋을까요?'처럼 핵심질문으로 다시 바꿔 제시하는 것이 필요합니다.

수업마다 미리 핵심질문을 챙겨두고 진행해 보았다. 질문 하나 바꿨을 뿐인데 수업이 물 흐르듯 진행되고 학습목표 도달이 훨씬 쉽고 간결해짐을 느낄 수 있었다. 감사합니다. 양 선생님~

#7 공책 정리, 어떻게 할까?

「놀이로 가르쳤더니 꺄르르~ 웃었던 것만 기억하네.
칠판 한 가득 적어가며 설명했더니 나만 내용을 기억하네.
모둠별 프로젝트 수업했더니 누구 집에서 모일까만 관심 있고.
어찌해야 공부내용을 너희들 머릿속에 쏙쏙쏙 넣어줄까.」

너무 욕심 부리지 않고, 그날 배운 핵심 내용만이라도 추려보기로 했다. 그래서 배운 내용을 짤막하게 스스로 정리할 수 있도록 '세모 정리법'을 알려주었다.

1. 공책에 세모를 그리고 구역 나누기
2. 아래에는 배운 내용 3가지 쓰기
3. 중간에는 흥미로웠던 점 2가지 쓰기
4. 맨 위에는 궁금한 점 1가지 쓰기

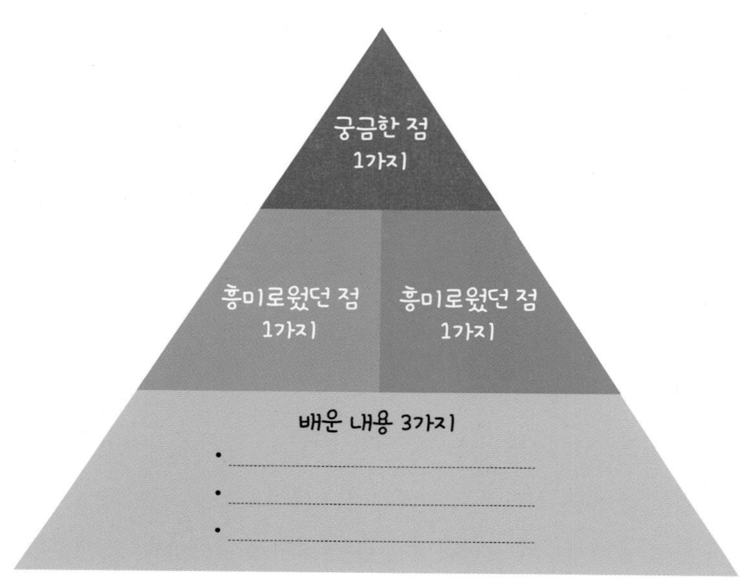

배운 내용을 정리하고, 흥미로웠던 내용을 생각하고, 더 나아가 질문을 만들게 하는 훌륭한 정리법이다. 세모 빈 칸만 채우면 되니 참 쉽다. 질문에 대한 답을 찾으면서 심화학습도 가능하니 스스로 학습에도 좋다. 세모 정리법을 하고 난 후 혹시나 시간이 남는다면, 다음 활동을 해 보자.

아래 칸에 알게 된 내용을 하나씩 발표하기
가운데 칸에 적은 흥미로웠던 점 이유와 함께 이야기 해 보기
맨 위 칸에 적은 질문을 나누고 답에 대해 고민해 보기

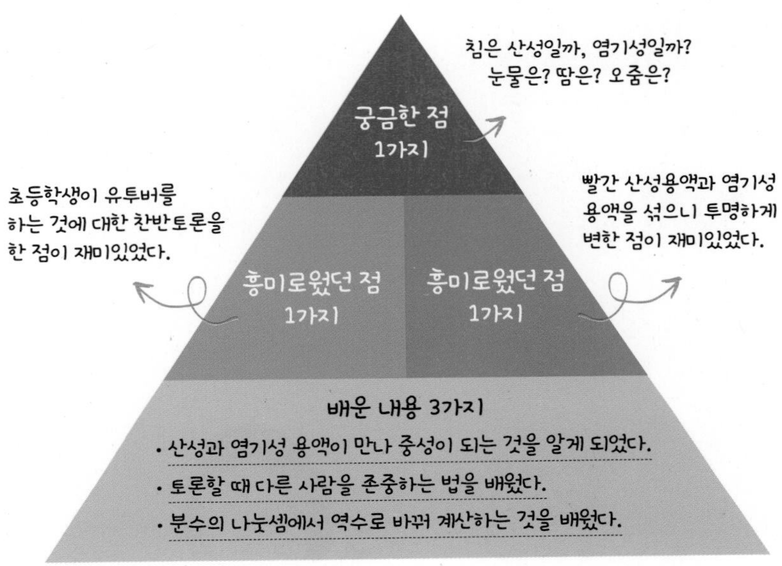

침은 산성일까, 염기성일까?
눈물은? 땀은? 오줌은?
궁금한 점
1가지
초등학생이 유투버를
하는 것에 대한 찬반토론을
한 점이 재미있었다.
빨간 산성용액과 염기성
용액을 섞으니 투명하게
변한 점이 재미있었다.
흥미로웠던 점
1가지
흥미로웠던 점
1가지
배운 내용 3가지
• 산성과 염기성 용액이 만나 중성이 되는 것을 알게 되었다.
• 토론할 때 다른 사람을 존중하는 법을 배웠다.
• 분수의 나눗셈에서 역수로 바꿔 계산하는 것을 배웠다.

"세모 정리법 해 보니까 어때?"

아이들에게 물어 보니, 노트가 순식간에 닳는단다. 엄청 많이 공부한 것 같아 뿌듯하단다.

헉. 좋은 부작용인데?!

#8 씽킹맵(Thinking Map), 판서로 해 볼까? 자료 있음

나도 고민스러웠던 차에 뜻밖의 방법에서 아이디어를 얻었다.
바로 '씽킹맵(Thinking Map)'
그래. 씽킹맵 좋은지는 잘 아는데, 어떻게 적용하면 좋을까?

그래! 씽킹맵을 판서로 해 보자. 내가 먼저 사용법을 보여준다면 아이들은 쉽게 씽킹맵 사용법을 익힐 수 있을 거야.

판서로 해보는 씽킹맵(Thinking Map) 사용법

써클 맵(Circle Map)

개념이나 용어에 대해 정의를 내리거나 사실관계를 나타내는 사고 기법

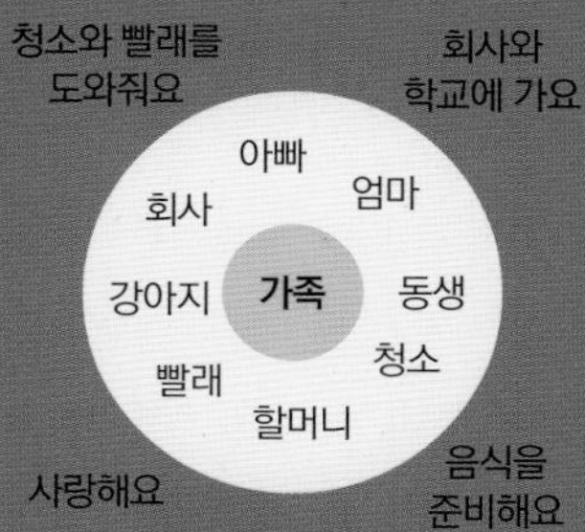

버블 맵(Bubble Map)

어떠한 사물이나 지식에 대해 묘사하는 것을 뜻하며 이 때 여러 가지 관계되는 정보를 활용할 수 있음

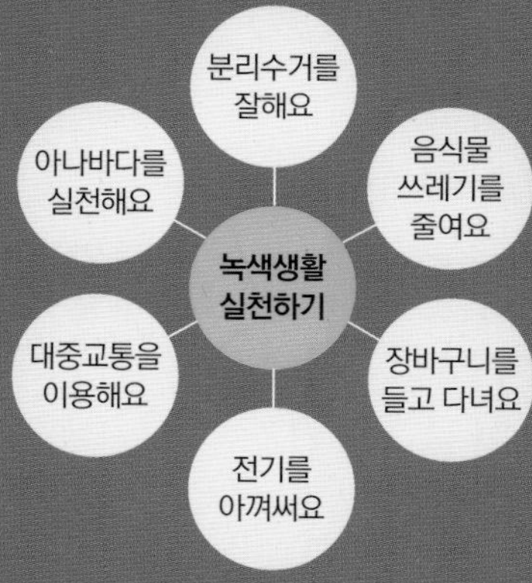

더블 버블 맵(Double Bubble Map)

서로 다른 사물이나 개념을 비교하여 공통점과 차이점을 알아보거나, 두 가지를 놓고 서로 대조해 보는 사고 기법

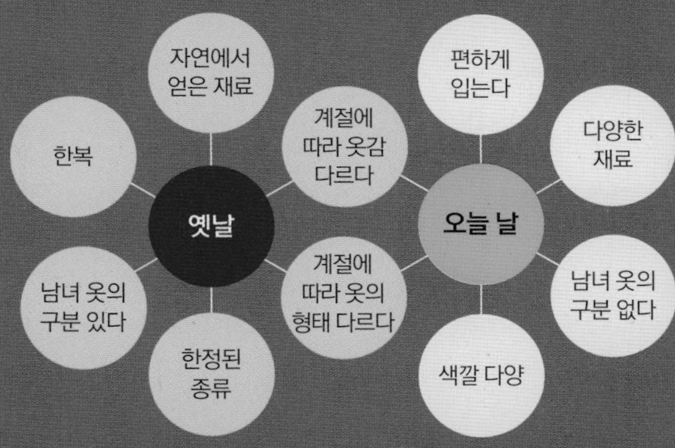

플로우 맵(Flow Map)

순서를 정해 일정한 규칙과 기준에 따라 정렬하는 방법으로 학습의 전개과정이나 계획 등을 수립할 때 자주 활용되는 기법

벼의 한 살이 과정 알기

벼씨 → 싹트기 → 잎과 줄기 자라기 → 꽃피우기 → 열매 맺기

멀티 플로우 맵(Multi flow Map)

어떤 사건이나 현상에 대해 원인과 결과를 분석하여 인과관계를 찾아내는 사고 기법으로, 주로 어떤 일에 대한 원인 분석과 영향이나 효과를 규명하는 데에 쓰임

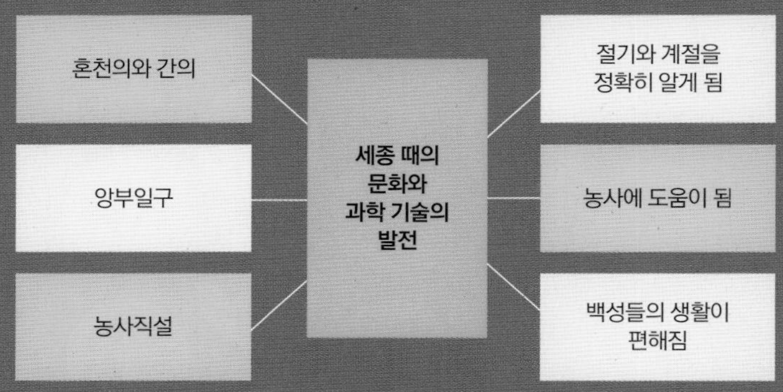

트리 맵(Tree Map)

여러 가지 사물이나 지식을 일정한 기준에 따라 분류하거나 그룹을 만드는 기법

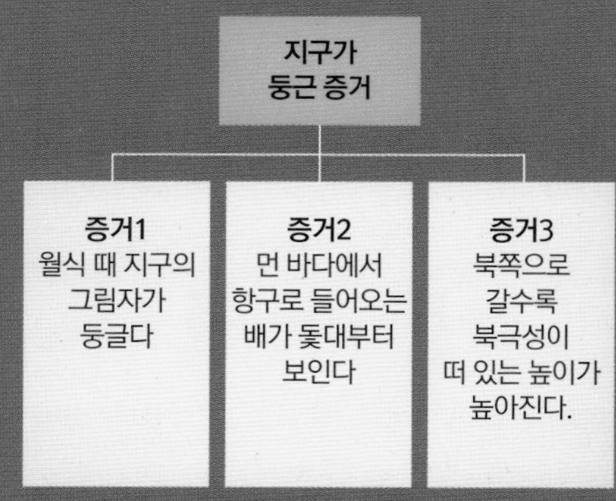

브레이스 맵(Brace Map)

부분과 전체에 대한 관계를 파악하기 위한 사고 기법

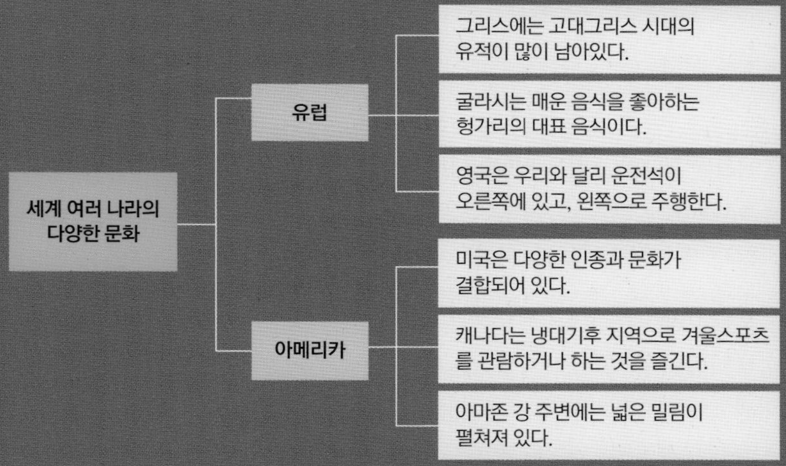

세계 여러 나라의 다양한 문화
유럽
그리스에는 고대그리스 시대의 유적이 많이 남아있다.
굴라시는 매운 음식을 좋아하는 헝가리의 대표 음식이다.
영국은 우리와 달리 운전석이 오른쪽에 있고, 왼쪽으로 주행한다.
아메리카
미국은 다양한 인종과 문화가 결합되어 있다.
캐나다는 냉대기후 지역으로 겨울스포츠를 관람하거나 하는 것을 즐긴다.
아마존 강 주변에는 넓은 밀림이 펼쳐져 있다.

브릿지 맵(Bridge Map)

한 가지 사실을 통하여 또 다른 사실을 유추하는 사고 기법. 한 가지 정보가 가진 기준과 원리가 또 다른 정보에도 적용될 수 있는지 유추해볼 때 활용됨

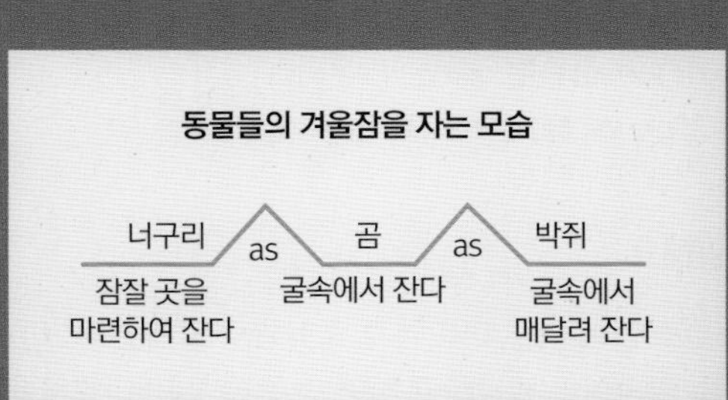

#9 한 차시 마무리, 어떻게 할까?

시작은 창대하나 끝은 미약하다.

성경 말씀과 반대되는 수업 마무리 이야기이다.
동기유발과 활동은 거창하나 시간에 쫓겨 얼른 수업을
끝내버리기 일쑤이다.
매 차시 끝나기 전에 배운 내용을 콕 짚어 정리하면 어떨까?
핵심적인 내용만 정확히 기억해도 성공한 수업이기 때문이다.
그렇다면 쉬운 차시 마무리 활동에는 뭐가 있을까?

1. 비유법

수업의 핵심 내용을 비유적으로 표현하는 활동이다.

예) OOO이란 OOO이다. 왜냐하면 OOO이기 때문이다.
예) OO은 OO과 같다. 왜냐하면 OOO이기 때문이다.

2. 60초 안에 말해요

핵심 내용을 60초 안에 다른 아이에게 요약해서 말해 본다. 이 때 목소리나 행동을 배운 내용 속 인물이라 생각하고 하면 더 좋다. 세종대왕을 배웠다면 세종대왕의 목소리로 배운 내용을 말한다.

3. 눈보라 게임

이면지에 아이들이 배운 내용에 대한 질문을 적은 뒤 구겨서 공중에 던진다. 주변에 떨어진 것 중 하나를 큰 소리로 읽고 답을 맞힌다. 눈덩이로 놀기도 하고, 문제도 풀어보는 즐거운 정리법이다.

4. 2000원 정리법

각 단어는 100원이다. 2000원 내외로 수업내용의 핵심을 쓰거나 말해보도록 한다. 즉, 20개의 단어를 사용하여 수업의 핵심 내용을 정리하는 활동이다.

5. 10글자 말하기

배운 내용을 10글자로 축약해서 말해 본다. 수준에 따라 5글자, 7글자로도 말할 수 있다.

예) '이성계가 세운 조선이야', '기울어져 공전해서 계절'

6. 커닝 페이퍼 만들기

시험 문제 푸는데 도움이 될 것 같은 커닝페이퍼 만들기. 두근거리는 마음으로 킥킥 웃으며 만든 커닝 페이퍼를 잘 모아두었다가 단원평가를 공부할 때 사용하도록 하자. 가끔은 평가 시간 중에도 활용할 수 있게 하는 깜짝 이벤트를 열어주자!

7. 퀴즈 퀴즈

뭐니 뭐니 해도 시간이 없을 때는 퀴즈 풀기가 최고이다.
책상 위에 걸터 앉아 골든벨처럼 진행한다. 계속 제시되는 여러 개의 문제 중 3개의 문제를 맞히는 즉시 통과되어 자리에 앉을 수 있다. 문항마다 핵심내용이 반복되는 것이 포인트다.

이제 시작만큼 끝도 창대해지리라.

#10 한 단원 시작, 어떻게 할까? 자료 있음

숲 길을 한참 걷다보면, 나무에 감탄하며 걷다보면
'여긴 어디지? 어디까지 가야 하지? 왜 가고 있지?' 라며 방향 감각을 상실할 때가 있다.
그럴 때마다 유심히 들여다보게 되는 숲 지도.

수업시간에 아이들이 그렇다.
한 차시 한 차시 꼼꼼히 가르치는데, 왜 배우는지, 무슨 의미가 있는지, 뭘 더 알고 싶은지 모르는 표정의 아이들이 많다. 어떨 때는 선생님인 나도 그렇다.

그래서 단원 시작 전 '내용 블록 연결하기' 활동을 해보기로 했다.

'내용 블록 연결하기' 활동이란 단원 내 각 차시별 수업내용이 적힌 각각의 쪽지를 아이들이 내용 순서를 짐작하면서 쪽지를 연결해보는 활동을 말한다.

연결하는 과정에서 내용 간 인과관계를 깨닫고 내용의 흐름을 파악하여 단원 전체를 개관할 수 있다는 장점이 있다.

'내용 블록 연결하기' 활동 전 알려주는 구체적 방법

1. 이 단원에서는 '무엇'을 공부하게 될지 생각해보기
2. 대체로 단원 시작은 흥미를 유발하는 내용이 많고, 마무리는 배운 지식을 활용하는 내용이 많다는 점을 일러두기
3. 어떤 순서로 내용이 전개될 것인지 짐작하며 내용 연결하기 (혼자가 어렵다면 모둠이 함께 하는 것도 추천한다.)
4. 일정 시간이 지난 후 책을 찾아보면서 짐작한 연결 순서가 맞는지 확인하기
5. A4용지에 내용 순서대로 쪽지 붙이고 화살표로 연결하기
6. 각 차시별로 어떤 활동을 하게 될지 책을 보며 찾아보기
7. 활동을 위한 준비물 또는 미리 알아두면 좋을 내용에는 무엇이 있을지 생각해보기
8. 이 단원을 모두 공부하고 나면 무엇을 알게 되고, 어떤 변화가 있을지 추측해보기

아이들은 '내용 블록' 쪽지들을 붙인 종이를 교과서 해당 단원 첫 페이지에 끼워 놓았다. 단원지도를 갖게 된 셈이다.
단원 숲이 어떻게 생겼는지 아는 듯한 눈치이다.

단원 숲에서 길을 잃을라치면 꺼내어서 내용을 확인하자고 할 것이다. 단원 숲길 걷는 것을 지루해하면 남은 내용을 합쳐 달려가자고 할 것이다. 단원 숲의 끝에 도착하면 짧게라도 메모하면서 지나온 길을 되돌아보는 시간을 가질 것이다.

단원지도를 몇 번 더 만들다보면
다른 방향으로 돌아가거나, 평소에는 절대 못 갈 새로운 길을 개척하는 기특한 아이가 생길지도 모르겠다.

아! 지식 콜럼버스가 탄생하는 순간인가.

제발 교과서 내용 좀 줄여주십시오.

과목수도 줄었으면 좋겠습니다.

수업 분위기가 무르익으려 하면 다른 과목 시작해야 합니드아~

#11 깨알같이 수행하는 수행평가

자! 해당되시는 선생님 준비하시고…….

수행평가 하루에 두 개 이상 봤던 사람, 손?

구술평가, 상호평가라고 적어놓고 지필평가로 봤던 사람, 손?

통지표 보내고 민원 들어올까 봐 하루 종일 찜찜했던 사람, 손?

한 과목에 평가 영역도 여러 가지, 평가 방법도 가지가지.

참으로 부담스럽지 않을 수 없다.

이때쯤이면 필요한 똑똑하고 게으른 수행평가 팁!

평가 전, 중, 후로 나눠서 살펴보았다.

수행평가 전

- 교과별 통합 또는 교과 내 통합 평가가 가능한 내용 확인하자.
- 학기 초에 평가 계획을 가정통신으로 안내하자.
- 학급별 실제 시행날짜가 다르므로 수행평가 전에 알림장으로 알려 주자.
- 수행평가 내용과 방법은 포스트잇 등으로 교사용 교과서 해당 부분에 미리 표시해두자.
- 평가가 있는 차시는 평가 방향을 생각하며 수업계획을 좀 더 디테일하게 짜자.
- 장기간에 걸쳐 평가가 이루어지거나, 준비가 필요하거나, 외부 조사 활동이 필요한 경우라면 평가 계획을 학사력에 미리 표시해두자.
- 평가 전 평가 관점과 기준을 명확히 안내하자.

수행평가 중

- 장기간 평가 과제는 수시로 진행 여부와 어려운 점이나 지원할 점을 확인하자. 예를 들어 강낭콩 관찰과제를 부여했을 때, 강낭콩이 죽어 관찰을 못 하는 경우도 생긴다.
- 자연스러운 평가 상황을 위해 사진이나 동영상 촬영의 방법도 고려해 보자. 선생님이 다가가면 얼어붙는 아이들이 있다.
- 아이들이 평가하는 경우에는 평가의 관점을 아주 이해하기 쉽게 알려준 후 실시하자.
- 평가하고자 하는 내용에 충실하여 평가하자. 간혹 노래를 잘 하는 아이가 친구들 앞에서 노래 부르는 것이 창피하여 제일 낮은 등급의 평가를 받는 경우도 생긴다.

수행평가 후

- 모든 평가 결과는 수행평가 기록부에 즉시 기록하자.
- 각 평가별 평가 기준은 수행평가부에 함께 기록해두자. 내가 했음에도 평가 결과가 의아해지는 경우도 생긴다.

· 평가지는 학년이 끝날 때까지 보관하자.

· 평가 결과는 학생 상담 자료 및 학부모 상담 자료로 활용하자.

· 평가 결과는 다음 수업의 피드백 자료로 활용하자.

수행평가 팁은 아니지만 아주 좋은 평가 tip

친절한 받아쓰기 방법

받아쓰기 시험을 볼 경우 시험 전에 형광펜으로 어려워 할 만 부분을 미리 함께 표시해 본다.

마음의 상처를 줄이는 채점법

틀린 문제를 빗금 말고 색깔이 다른 ○나 ☆표로 표시하도록 한다. "너의 의견도 좋지만, 다시 한 번 생각해 볼까?"

4월 0일 날씨 : 맑음
과목당 평균 4개 영역 평가,
전체 10과목
한 학기동안 보는 40개의 평가.
평가를 보통 4개월에 걸쳐 하니
한 달에 평가 10개.
그럼 한 주에 2~3개.
나도 힘들지만,
애들도 힘들겠다.

저희는
학원 평가도
있어요~

#12 교사용 안전 체크리스트 자료 있음

아이들이 가장 설레는 날?
3순위 안에는 분명 현장체험학습이 있을 것이다.
학창시절에는 며칠 전부터 괜히 마음이 간지럽고, 소풍날 새벽부터 일어나 엄마가 싸시던 김밥을 연신 먹으며 재잘대던 기억이 오롯하다.

하지만 선생님이 된 지금은 현장체험학습 며칠 전부터 괜히 긴장되고, 걱정이 앞선다. 학교안전공제회에 나온 「사안 발생 실제 사례」들을 살펴보면 괜한 기우만은 아니다.

숙소사고

· 숙소 5층 발코니 사이의 칸막이를 잡고 옆방으로 이동하려다가 추락하여 사망
· 2층에 있던 학생이 2층 베란다를 통해 추락하여 1층 바닥에 떨어졌음

식중독 사고

○○○공원 식당에서 단체로 구입한 도시락과 학생이 가져온 죽을 혼식하여 먹던 중 갑자기 창백해져 뇌사상태

수상사고

해변에서 실시한 훈련에서 어지럼증을 호소하며 쓰러져 사망

익사사고

○○○캠프활동을 위해 이용한 국제해수욕장에서 학생 익사 사고

산행사고

설악산 등반 중 보조인력 등에 업혀 이동하다 보조 인력이 돌부리에 걸려 넘어져 부상

그래서 현장체험학습 출발 전부터 점검해야 할 안전 주의 사항을 미니북으로 만들어 항상 소지하고 다녔다.

출발 직전 점검사항

❶ 출석 점검하기

❷ 학년부장에게 인원 보고하기

❸ 아픈 학생은 없는지 확인 하기 (멀미약 복용 여부 등)

❹ 요보호 학생 명단과 특이 사항 챙겨두기

❺ 화장실 출발 전에 다녀오게 하기

❻ 구급낭 미리 챙기기

버스 탑승 시 점검사항

❶ 안전벨트 정상 작동 확인하기

❷ 개문 가능한 창문 위치 확인하기

❸ 소화기, 비상탈출용망치 비치 여부, 위치확인 후 안내하기

❹ 학생 탑승차량 표지(앞, 뒤)가 부착 됐는지 확인하기

❺ 운전자 음주 측정 실시하기 (경찰 협조)

도착 시 점검사항

❶ 버스에 놓고 내린 물건 없는지 최종 확인하기

❷ 기사님과 활동 후 만날 시각 및 장소 약속하기

❸ 버스에서 내려 인원 점검하기

❹ 버스에 두고 내린 물건 없는지 살피기

❺ 버스에서 불편을 겪었던 (멀미나 구토 등) 요보호 학생의 건강 상태 점검하기

활동 중 점검사항

❶ 체험 당일 일기 예보 지속적으로 확인하기

❷ 학생들의 체험 장비 하나하나 꼼꼼히 확인하기

❸ 체험학습장 현장지도사들의 통제와 관리가 잘 이루어 지는지 확인하고 지원하기

내용 생략

다음은 무탈교실의 안전지도 4계명!

무탈교실 현장학습안전지도 4계명!

하나. 안전지도는 기록한 만큼 기억 한다.

알림장이나 학습지 등을 활용하여 현장학습 3일 전쯤부터 차근차근 지도한다.

둘. 안전지도는 아는 만큼 주의한다.

다양한 사례를 미리 알려주면 체험 당일에 우발적이고 돌출된 행동을 줄일 수 있다.

셋. 안전지도는 팀워크이다.

중간에 화장실을 갈 때는 물론, 다치거나 문제 상황 발생시 2인 1조 팀을 이뤄 해결 할 수 있도록 한다.

넷. 안전지도는 현장성이다. 5분 전 안전지도!

체험 전날까지 이루어진 안전지도. 그러나 막상 체험시설 앞에서는 활동에 대한 기대감으로 싹 다 잊고 지나치게 흥분 할 수 있다. 현장에서 체험 직전에 아이들에게 다시 한 번 주의 사항을 환기시킨다. 선생님 또한 현장 내 위험요소에 대해 지속적으로 서치라이트를 켜고 긴장을 풀지 말 것.

만약 사안이 발생했다면 어떻게 할까?

학생은 사고 발생 시 인솔책임자와 지도교사(담임교사)에게 즉시 보고한다. 인솔책임자 및 지도교사(담임교사)는 안전사고가 발생한 때에는 사고자에 대한 응급처치, 안전지대로의 대피 등 신속히 조치한다. 인솔책임자 및 지도교사(담임교사)는 119 구급대 및 인근 경찰관서 등에 신속히 연락하여 구호를 요청한다. 학교장은 사고 수습 대책을 강구하고, 지체 없이 교육감 또는 교육장에게 사고 발생 상황과 수습방안을 보고한다.

비록 두려운 마음부터 앞서고 손도 많이 가는 현장체험학습이지만, 아이들은 다양한 여행을 통해 더욱 성장하고 지혜로워 질 것이다. 그렇다면 순조로운 여행의 첫 단추인 안전습관을 잘 배게 하는 것! 그것이 우리가 줄 수 있는 사랑 아닐까?

현장체험학습 정말로 안 가면 안 됩니까?
책임져야 할 일이 너무 많습니다아~~

#13 현장체험학습 만능주머니

'도라에몽'이라는 일본 만화가 있다.
사실 나는 어릴 때부터 도라에몽을 갖는 것이 꿈이었다.
아니아니, 도라에몽 주머니를 갖는 것이 꿈이었다.
왜냐고? 무엇이든 얻을 수 있는 만능주머니니까.

이번 주에 현장학습이 있다. 도라에몽 주머니처럼 만능은 아니지만 우리 반 안전은 책임질 수 있는 믿음직한 주머니가 있다면 좋겠지? 그래서 채워보았다.

그간의 경험을 총망라해서 채운

「안전」만능주머니, 하나씩 꺼내볼까?

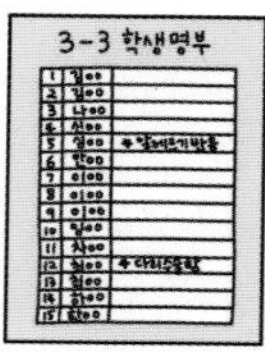

1. 우리 반 명부

현장지도사에게 아이들을 인계하는 경우 미리 요 보호. 학생들의 건강상태도 기록해둔다.

2. 전자호루라기

육중한 울림이 단전까지 자극하여 안 모일 수 없을 것이다.

3. 흰 장갑

손만 번쩍 들어도 정신이 번쩍 들게 시선을 잡아 끌 것이다.
깃발도 추천한다. 우리 반 표시가 드러나는 것이면 더 좋다.

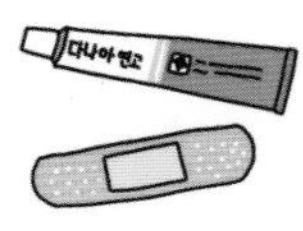

4. 대일밴*와 후시* (밴드와 연고)

학년에 구급낭 하나 정도는 있지만 요 두 개는 주머니에 챙기자. 나오던 눈물도 쏙 들어가게 할 만능 잇 템!

5. 휴대용 마이크

소중한 내 목을 보호해 줄 휴대용 마이크. 가볍다면 적극추천이다.

6. 노란 고무줄

긴 머리 여학생을 위해 즉석에서 미장원을 차릴 수 있다.

7. 썬크림

모자를 안 쓰고 온 아이들에게 시크한 듯 사랑 듬뿍 담아 발라주자.

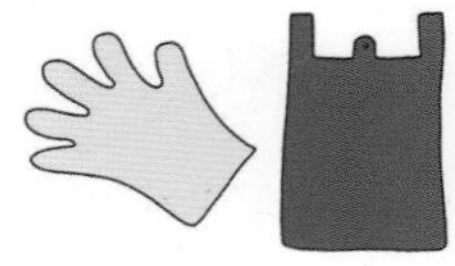

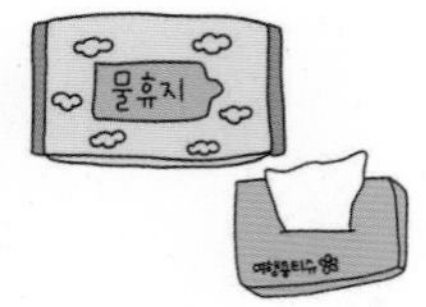

8. 손 소독제

세균을 몹시 두려워하는 아이들을 위해 요 녀석도 넣어두자. 응급처치 때 손을 소독한 후 치료하면 전문가 포스 제대로다.

9. 비닐장갑과 비닐봉투

상상하는 모든 것을 담아낼 수 있다. 쓰레기부터 토사물까지.

10. 티슈와 휴지

상상하는 모든 것을 다 닦아 낼 수 있다. 땀부터 점심 먹은 흔적까지.

11. 레모* (피로회복용 비타민)

만능주머니 주인이 지치면 안 되지. 지침 방지용 짬짬이 비타민 보충제도 잊지 말자.

PLUS TIP

♡우아한 잔소리 쪽지♡

규칙을 어기고, 자꾸 안전과 거리가 멀게 행동하는 아이들이 꼭 있다. 교실에서처럼 빽빽 소리치기도 민망하고, 그냥 둘 수는 없을 때 미리 만들어 놓은, '사랑과 안전의 중요성이 담긴 메시지 쪽지' 를 뽑아 읽게 하자.
헛웃음이 피식 나오면서도 애정이 느껴지는 쪽지!
열 마디 말보다 한 줄 쪽지의 울림을 주자!

쪽지 예시 1: "선생님이 지켜 보고 있다. 안전하게 행동해~♡"
쪽지 예시 2: "느그 부모님이 이러는 거 아시니? 잘하자~♡"

5월

MAY

좀 잘 하고 있는 것 같은데 달

5월 15일 수요일 날씨 : 맑음

오늘은 스승의 날.

내가 꿈꿔왔던 선생님의
모습에 한 발짝 다가가고 있는 것
같아 뿌듯하다.

경축 스승데뷔 50주년
무탈쌤 팬미팅
사랑해요무탈쌤
사랑해요무탈쌤
사랑해요무탈쌤
사랑해요무탈쌤
사랑해요무탈쌤
사랑해요무탈쌤
사랑해요무탈쌤
사랑해요무탈쌤

사실 이런 장면은 바라지도 않는다. 이번 달도 제발 무탈만 해다오!

#1 선생님들을 위한 헌시

날이 좋아서
날이 좋지 않아서
날이 적당해서
…

제목 : 「조퇴하고 싶다」

드라마 '도깨비' 속 대사 오마쥬

한 송이 국화꽃을 피우기 위하여
봄부터 소쩍새는 그렇게 울었나보다.
…

제목 : 「종업식」

서정주, <국화 옆에서> 오마쥬

별 하나에 추억(追憶)과
별 하나에 사랑과
별 하나에 쓸쓸함과
별 하나에 동경(憧憬)과
별 하나에 시(詩)와
별 하나에 어머니, 어머니
…

제목 : 「숙제 검사」
부제 : 내가 그린 별은 그냥 별이 아니었던 것이다.

윤동주, <별 헤는 밤> 오마쥬

나 보기가 역겨워
가실 때에는
말없이 고이 보내드리오리다.
…

제목 : 「부장 제의 거절한 날」
부제 : 돌아가시는 교감선생님의 뒷모습

김소월, <진달래꽃> 오마쥬

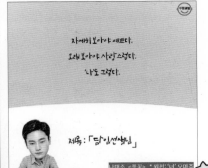

"설렁탕을 사다 놓았는데, 왜 먹지를 못하니,
왜 먹지를 못하니……
괴상하게도 오늘은! 운수가, 좋더니만……."

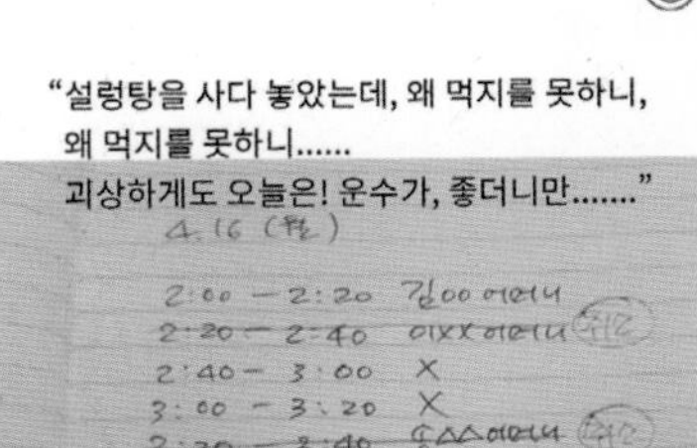

제목 : 「야간 상담」

현진건, <운수좋은 날> 오마쥬

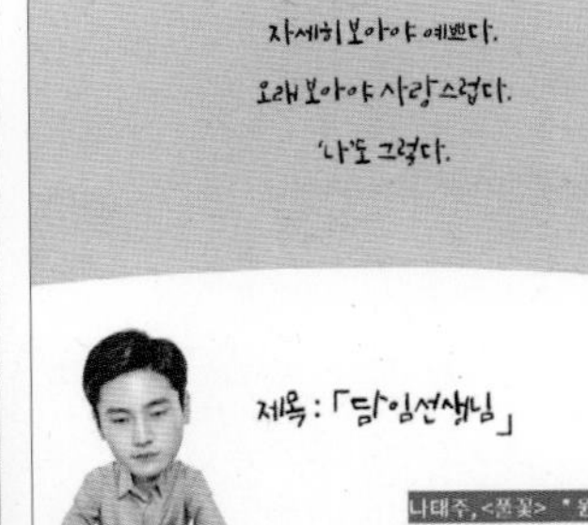

자세히 보아야 예쁘다.
오래 보아야 사랑스럽다.
'나'도 그렇다.

제목 : 「담임선생님」

나태주, <풀꽃> * 원전: '너' 오마쥬

살으리 살으리랏다.
청산에 살으리랏다.
머루랑 다래랑 먹고
청산에 살으리랏다.

얄리얄리 얄랑셩 얄라리 얄라

ㅠㅠ

제목 :「민원 발생한 날」

작자미상, 고려가요<청산별곡> 오마쥬

춤추라, 아무도 바라보고 있지 않은 것처럼.
사랑하라, 한 번도 상처받지 않은 것처럼.
노래하라, 아무도 듣고 있지 않은 것처럼.
…

제목 : 「공개수업」

알프레드 디 수자, <춤추라, 아무도 바라보고 있지 않은 것처럼> 오마쥬

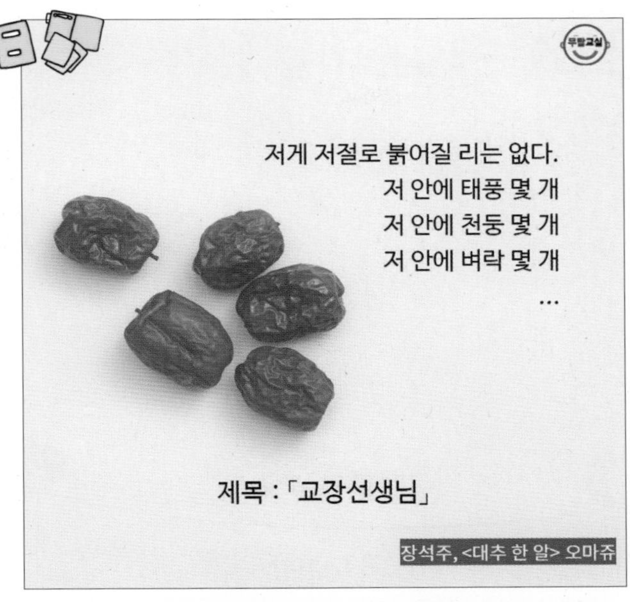
저게 저절로 붉어질 리는 없다.
저 안에 태풍 몇 개
저 안에 천둥 몇 개
저 안에 벼락 몇 개
…
제목 : 「교장선생님」
장석주, <대추 한 알> 오마쥬

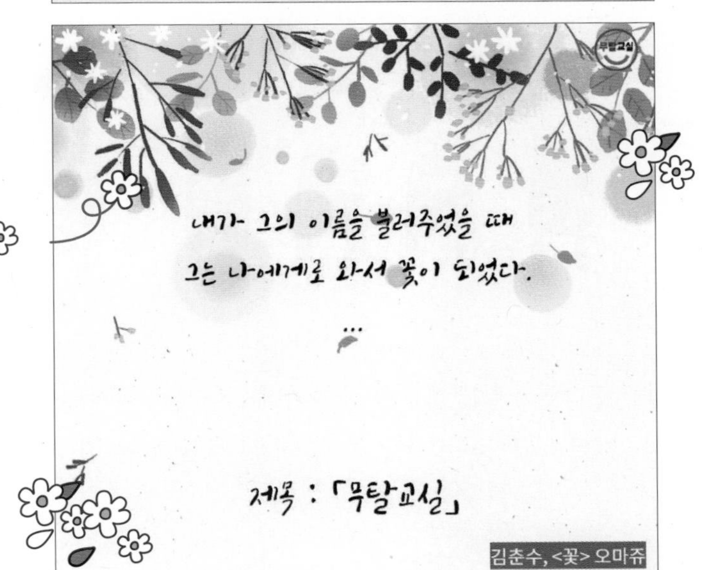
내가 그의 이름을 불러주었을 때
그는 나에게로 와서 꽃이 되었다.
…
제목 : 「무탈교실」
김춘수, <꽃> 오마쥬

#2 오늘은 어린이날 자료 있음

날마다 만나면서 나도 모르게 정 들어버린 우리 반 아이들에게
어린이날을 맞이하여 특별한 추억을 선물하고 싶다.

하나. 어린이날 보물찾기로 메시지를 전달해 보자.

	선	생	님	이		○	학	년	○	반		친	구	들	에	게	
	올	해		너	희	를		만	난		건		축	복	이	야	!
	지	금	처	럼		밝	고	,	예	쁘	고	,	건	강	하	게	
자	라	서		우	리	나	라	의		큰		기	둥	이		되	어
주	기	를		소	망	한	다	♥									
							2	○	○	○	년		5	월	○	일	

																	!
								,				,					

준비

❶ '글자가 있는 면'과 '글자가 없는 면' 모두 플로터에서 전지 사이즈로 출력한다.

❷ '글자가 있는 전지'에서 글자가 있는 칸만 잘라 내어 잘 접은 후 교실 곳곳에 숨겨 둔다.

활동

❶ '글자가 없는 전지'는 교실 넓은 곳 바닥에 펼쳐 놓는다.

❷ 아이들은 글자 보물찾기를 시작한다.

❸ 찾은 글자를 전지 위에 올려보면서 어떤 문장인지 맞춰본다.

❹ 선생님이 전달하려는 메시지 내용이 맞다고 생각되면 풀을 이용해 글자를 붙인다.

❺ 글자를 모두 붙인 전지를 칠판에 부착한다.

❻ 완성된 메시지 앞에서 아이들과 함께 기념 촬영을 한다.

놀이도 좋지만 아이들은 역시 먹는 걸 좋아한다.

이럴 때 사용하면 좋을 효과만점 사탕카드 선물!

둘. 어린이 날 사탕카드를 만들어 선물해 보자.

❶ 사탕카드 도안을 도화지에 인쇄해서 준비한다.

❷ 3등분하여 접은 후 맨 앞 장 까만 점에 칼집을 낸다.

❸ 제일 안쪽 면에는 사랑이 담긴 선생님의 메시지를 적거나, 좋은 문구를 인쇄한 뒤 붙인다.

❹ 사탕을 칼집 낸 구멍에 끼워 완성한다.

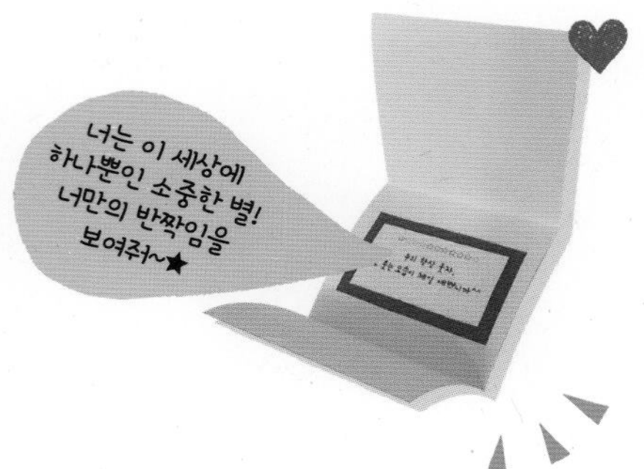
너는 이 세상에
하나뿐인 소중한 별!
너만의 반짝임을
보여줘~★

나를 웃게도, 울게도 만드는 우리 반 아이들
부디 선생님의 진심을 알고 밝고 건강하게 잘 자라면 좋겠다.

그리고…

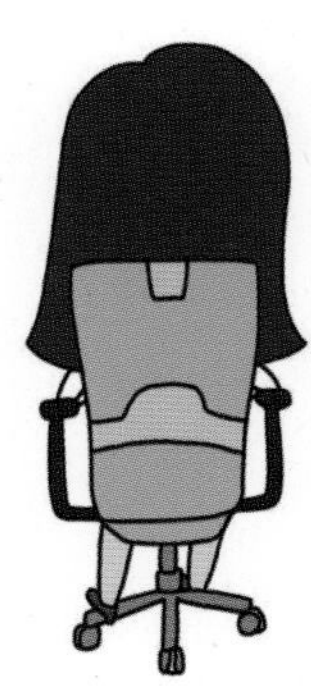

공부시간에 떠들지 말고,
복도에서 뛰지 말고, 친구 좀 괴롭히지 말고,
숙제 좀 잘 해오고, 싸우지 말고, 잊어버리지 좀 말고,
지각도 안 돼. 줄 좀 잘 서고, 급식 먹을 땐 남기지 말고,
쓰레기 좀 보이면 줍고,
제~~~ 발!!

#3 오늘은 스승의 날

'스승의 날'을 폐지하자는 청원이 올라왔다는 기사가 가슴을 후벼 판다.

감사함으로 충만해야할 것 같은 그날이
교사, 학생, 학부모 모두에게 불편한 존재가 되고 있는 건 아닐까?

달력에 콕 박혀있는 그 날 때문에
애매하고 난처한 상황으로 고민하는 선생님들을 위해
약간 웃프*지만 이렇게 답해보았다.

*웃프다: 웃기면서 슬프다는 합성어

〈 스승의 날

'스승의 날'이 되기 전 어떠한 금품도 받지 않는다는 공지를 따로 해야 할까요?

네. 알림장에 따로 적어 주세요. 학교 차원에서 가정통신문을 보내지만 그건 학교 생각이라고 생각할 터. 담임 선생님께서 한 번 더 안내해주시면 학부모들 마음 속 우리 선생님에 대한 의심(?)과 근심(?)은 완벽하게 사라질 것입니다.

그럼에도 불구하고 선물을 가져오면 어떻게 하죠?

뜯지도 말고 돌려보내세요. 부모님께 따로 정중히 감사의 문자를 보내고 학생 편에 바로 그날 돌려보냅니다.

아이들이 건네는 작은 선물! 카네이션, 펜, 사탕, 비타민 등…
이런 걸 돌려줄 땐 뭐라고 얘기해야 상처를 덜 받을까요?

그럴 땐 '여러분… 미안하지만 눈에 보이는 선물은 받을 수 없어요. 눈에 보이지 않는 마음만 받을 수 있답니다. 여러분의 마음만 소중히 간직할게요^^' 라고 상처받지 않도록 잘 이야기 해주세요.

< 스승의 날

편지를 건네는 이전 제자들! "고마워!" 한 마디로 그들의 마음에 보답하기에는 좀 미안한 감이 있어요

어린이날 선물로 준비했던 사탕카드 같은, 마음이 담긴 간단한 선물은 어떨까요?

정성스럽게 편지를 써 준 저 학생이 달리 보여요.
제가 너무 세속적인가요?

마하반야바라밀다심경 관자재보살~
교사도 사람인지라 표현하는 학생이 더 예쁜 법! 그러나 그러한 생각이 없어지도록 퇴근 후 최소 한 시간 이상 명상의 시간을 가질 것을 권해 드립니다. 그리고 얼른 해탈하시어 열반의 경지에 이르시기를… 똑똑똑~

스승의 날 파티로 지저분해진 교실! 재미있게 치울 수 있는 방법 있을까요?

재미있는 게임과 함께 교실을 정리해보세요

풍선 없애기: 두 팀으로 나누어 제한 시간 동안 빨리 터뜨리기
쓰레기 줄 세우기: 풍선 게임 이후 바로 실시-쓰레기를 주워서 길게 놓는 팀 승

#

< 스승의 날

칠판 지우기: 뒷태[●]가 자신있는 양 팀의 대표가 나와 재밌고 우스꽝스럽게 칠판 지우기
책상 정리: 신청곡을 받아 틀어주고 노래가 끝날 때 까지 제자리로 복귀

기대한 건 아니지만 파티의 분위기 1도 없는 우리 교실! 제가 뭘 잘못한 건가요?

괘념치 말거라~ 선생님의 잘못이 아닙니다.

아이들이 학원 가느라 바빠서, 다들 늦게 일어나는 바람에 아침에 못 모여서, 회장단이 수줍어서, 회의하다가 파투나서, 어버이날 선물 사느라 돈이 없어서, 장원 급제한 이후에 개별적으로 찾아뵈려 등. 오만가지 요인들이 작용해서 어쩌다 못한 거지 선생님께서 역할을 잘못해서 그런 건 아닙니다.

왜 스승의 날이 있는지 잘 모르겠어요. 아이들이나 학부모도 선생님에게 크게 감사의 마음을 갖고 있는 것 같지도 않고요. 스승의 날에서 어떤 의미를 찾을 수 있을까요?

'너희들이 있어서 선생님도 있는 거야. 너희들이 있어서 고마워.' 우리가 선생님이라고 불릴 수 있는 까닭은 우리가 가르치는 학생들이 있기 때문이 아닐까요? 마음속으로라도 아이들에게 고마움을 표현하는 날로 여기면 어떨까요?

[●]뒷태: 뒷모습.

웃자고 한 얘기였는데 애잔함이 남는 건 왜일까?

선생님은 정신적으로도 힘든 직업임에는 틀림없다는 사실을 다시 한 번 확인하게 되서 그런 거겠지.
그럼에도 불구하고 사명감으로 열심히 아이들에게 모든 것을 내어주시는 선배, 그리고 후배 선생님들이 존경스럽다.
내일 동학년회의 시간에는 선생님들 한 분 한 분께 잠깐씩이라도
'어깨 토닥토닥' 해드려야겠다.

#4 오늘은 어버이날

그깟 종이 카네이션인데 하지 말까?

그냥 모른 척 넘어갈까?

'할 녀석은 알아서 하겠지.' 라는 마음이 한 자리, 어떤 것들은 살짝 볼품이 없어 '기뻐하시려나?' 라는 마음이 한 자리.

그래도, 부모님들은 아무것도 못 하던 아이가 그새 자라 카네이션을 꼬물꼬물 만들었을 생각을 하니 가슴이 벅차단다.

그래서 어버이 날마다 꼭 챙기게 되는 '카네이션 만들기!'

참기름, 참깨, 간장, 고춧가루, 설탕이라는 기본양념 5가지만 있으면, 웬만한 무침 요리가 다 되는 것처럼 기본 카네이션 접기 방법만 알면 편지지에 붙여도, 카드에도, 브로치로 만들어도 다 좋다.

평생 소장각!* 카네이션 접기 레시피.

*소장각: 소장할만한 가치가 있다는 의미.

카네이션 접기 레시피

준비물

7.5×7.5 빨간 색종이 3장, 녹색 색종이 1/4장

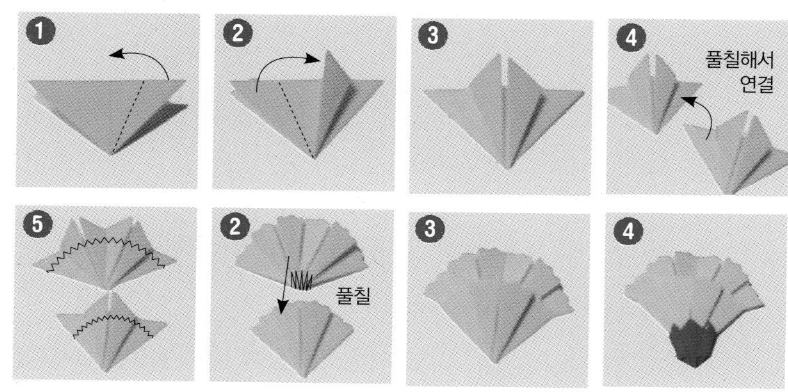

꽃받침접기

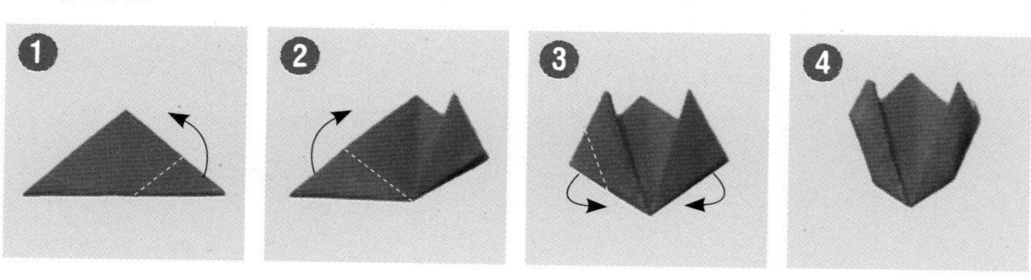

응용

감사카드, 브로치, 꽃다발 등

엄마 아빠 사랑해요♡
봉투
삼각대
바구니
꽃다발
방문걸이

경 어버이날 축
높고 높은 하늘이라~
어버이 은혜~
오구 오구 내 새끼~

#5 학.교.안.전.공.제.회

아이들에 대한 부모 마음.

‘공부〉건강〉안전’일 것 같지만, ‘공부〈건강〈안전’이더라.

학교안전공제회에 대한 내용은 명확히 알아두자.

아이가 다쳐서 속상한데다가, 뜻하지 않게 병원비도 지출해야 하므로 부모님들은 한없이 민감해지기 때문이다.

“ 서류상으로 처리가 귀찮아서 그런지 안 알려주는 선생님들이 있어요.”

➔ 다치면 꼭 집으로 전화하자.

“ 어떤 선생님은 직접 신청해 주시던데 우리 담임선생님은 학부모가 직접 신청해야 한다고 하셨어요.”

➔ 개인정보 보호차원에서 학부모도 직접 신청할 수 있다고 하자.

“ 똑같이 학교에서 다친 건데 왜 이건 되고 저건 안 된다고 하나요? 담임선생님이 일 하기 싫은 건 아니에요?”

➔ 공제받을 수 있는 상황과 그렇지 않은 상황에 대해 명확히 구분해 주자.

수시로 다치는 아이들이지만 청구할 만큼 다치는 경우는 드문 일인지라 잊어버리고 또 잊어버린다. 그래서 간단히 요약해 놓는다.

이것만 알면 끝나는 학.교.안.전.공.제.회!

♣ 학교안전공제회는 어떤 기관일까?

학생·교직원 및 교육활동참여자가 교육활동 중에 일어난 학교안전사고로 인하여 입은 피해를 신속·적정하게 보상하기 위한 기관이다.

♣ 교육활동의 범위는 어디까지?

학교 안에서 행하는 수업 활동 및 학교 밖에서 행하는 수업(수학여행, 현장학습 등) 등·하교, 학교체류, 학교장 인정 행사(대회) 참가 활동 집합·해산장소와 집 간의 왕복시간 중의 활동도 가능하다.

♣ 학생만 보장하나?

교직원 및 교장선생님이 승인해주거나 요청에 따라 교육활동을 보조하거나 함께 교육활동을 하는 녹색학부모 같은 경우도 보장이 된다.

♣ 전액 보상 되나?

놉! 국민건강보험이 적용된 항목에 대하여만 전액 보상되며, 비급여 항목에 대하여는 학교 안전법 시행규칙 제2조의 2 별표에 따라 보상한다. 학부모에게 전액 보상이 될 거라고 이야기하는 실수를 범하지 말자.

♣ 실비보험이나 개인보험이 있으면 보상금이 지급 안 되는지?

된다. 개인이 가지고 있는 보험과 상관없이 학교안전공제회에서는 보상금을 지급한다.

♣ 모든 안전사고에 대해 보상해주는가?

아니다. 우발적인 사고만 보상 가능하다. 그러나 가해자가 있는 경우에도 여차 싶으면 공제회에 문의하는 게 좋다.

♣ 전반적인 업무 처리 절차는?

처리 담당자	순서	비고
	사고 발생	
담임교사 또는 담당교사	사고 발생 통지서 작성	'지체 없이' 통지해야 함
청구인 (선생님 또는 학부모 모두 청구 가능함)	공제급여 청구서 작성	
	구비서류 공제회 제출	
공제회	심사 및 결정 (공문 발송)	14일 이내에 지급 여부를 결정하며, 14일 더 연장 가능
공제회	지급	

공제 급여 청구 시 필요한 서류는?

- ☐ 진단서(청구금액 50만원 미만 생략 가능)
- ☐ 진료비 계산서 영수증 원본
- ☐ 진료비 상세 내역서(비급여 항목 진료비가 있는 경우)
- ☐ 약제비 계산서 영수증 원본(병원 처방전 첨부)
- ☐ 사고 학생의 주민등록 등본 (청구금액 50만원 미만 생략가능하나 학부모가 청구할 때는 반드시 첨부)
- ☐ 청구인 통장사본
- ☐ 공제 급여 청구서(학부모 청구시 서명 또는 날인한 후)

♣ 학교에서 다친 건 모두 보상해주는가?

아니다. 예를 들어 하교 후 다시 학교로 와서 놀다가 다쳤을 때는 보상이 안 된다. 이미 교육활동이 끝난 시간이기 때문이다.

♣ 휴대폰, 시계, 안경과 같은 물건이 파손된 경우는 보상이 안 되는가?

어렵다. 인적 피해만 보상이 가능하다. 다만, 안경의 경우 해당 사고로 인해 착용하기 시작했다면 1회에 한하여 지급한다.

만약 뜻하지 않은 안전사고가 발생했다면, 무엇보다도 각 지방안전공제회에 연락하여 보상 여부 등에 대해 정확한 파악을 하는 것이 우선이다. 그리고 가장 중요한 건 다친 일이 발생하면 문자로든, 전화로든 학부모에게 꼭 알리도록 하자.

아이들의 안전은 소중하니까!

PLUS TIP

학교폭력 피해자도 지원해 준다.

교육감이 정한 기관에 한해 심리상담 및 조언 받는데 드는 비용, 일시 보호 받는 비용, 치료 및 치료를 위한 요양비용 등을 지원해 준다. 상담 및 치료기간은 2년, 일시보호의 기간은 30일. 이후 1년 범위 내 연장 가능하다. 이 사업은 학교폭력에 대한 원활한 합의가 이루어 지지 않을 경우 피해자에 대한 치료비용을 우선 지원하고, 가해자에게 구상권을 청구하는 방식이다.

#6 복불복 벌칙쪽지 자료 있음

재밌는 게임의 비밀은 뭘까?

규칙이 기상천외하던지
사회자가 배꼽 빠지게 사회를 잘 보던지
상품이 으리으리하게 좋던지
그것도 아니라면 벌칙이라도 기발하던지.
무작위로 뽑은 벌칙이 너무 재미있어 답을 맞히고도
일부러 벌칙을 받으려고 하는 아이들이 있을 정도라면?
맞다! 성공한 게임이다.

이 보다 더 쉬울 수 없는 한 움큼 복불복 쪽지 만들기

1. 복불복 벌칙 쪽지를 오려 접어서 통에 넣어둔다.
2. 어떤 게임에나 적용가능하다. 퀴즈나 미션 실패 시 웃으면서 받을 수 있는 엄벌(?)이 필요할 때 쪽지를 뽑아 사용하면 된다.
3. 한바탕 '와하하' 웃고 쪽지는 다시 넣어서 재활용하면 된다.

행복지능을 자극하는 발칙한 벌칙의 예

1. 눈알로 자기 이름쓰기
2. 음악에 맞춰 팔꿈치로 자기 이름 쓰기
3. 어떤 질문이든 '예'라고 대답하기
4. 코끼리 코 ◌바퀴하고 제자리로 돌아가기
5. 세계적인 모델처럼 워킹하며 제자리로 돌아가기
6. 세상에서 가장 웃긴 표정하기
7. 벌칙 내용 말하지 않고 행동으로 보여주면 다른 아이들이 맞춰야 들어가기
   예) 길가다 똥을 밟은 상황, 음식을 아주 맛있게 먹다가 벌레를 발견한 상황
8. 음악에 맞춰 목도리 도마뱀 흉내 내기

오늘은 벌칙 같지 않은 '벌칙 쪽지' 들을

한 움큼 뽑기 상자에 넣어

콧노래 부르며 게임을 즐겨보아야겠다.~

#7 짬짬이 동영상 자료 있음

세상에는 참 당황스러울 때가 많다.
화장실에서 큰일을 보고 휴지를 잡아당기려는데
딸그락 차가운 쇳소리만 날 때,
퇴근 후 열심히 닭볶음탕도 만들고 나물도 무치면서 진수성찬을
차렸는데 밥통을 열었더니 텅~ 비어있을 때
진저리나게 당황스럽다.

학교에서 당황스러운 순간은 언제일까?

- □ 바로 처리해야 하는 급한 공문이 있을 때
- □ 수업은 마쳤는데 쉬는 시간 시작까지 아직도 애매하게 시간이 남았을 때
- □ 알림장도 쓰고 가방도 다 쌌는데 하교시키기에는 애매할 때
- □ 화장실을 수업시간에 꼭 가야 할 때
- □ 시험 시간에 시험이 너무 빨리 끝났을 때
- □ 미술 또는 과학 준비물을 미리 준비 못 했을 때
- □ 교실 밖에 손님이 갑자기 오셨을 때
- □ 기타 등등 갑자기 시간을 내야 할 일이 생겼을 때

당황도 반복되면 행복에 방해가 될 수 있다.
이럴 땐 잘 선별된 동영상 모음집이 '든든한' 보험이 될 것이다.
시간대별로 모아 놓아, 딱 필요한 시간만큼 골라서 보는 짬짬이 동영상.

잠깐! 여유가 있을 때 동영상 내용을
'내 눈'으로 미리 점검해둔다면 두 배 더 안심이겠지?

6월

JUNE

잘 하고 있는 것 맞겠지…? 달

내 꿈 (Feat.5월) VS 현실

현실(리얼 교실)판.

오늘은 스승의 날
제자들이 찾아왔네…
5학년 때 선생님은 피자 사줬는데!
선생님. 먹을 거 없어요?
수업이 일찍 끝나서 심심해서 들렀어요.
얘 딴 반이었는데 얘도 데려왔어요.

그래(조금은) 비참해도 괜찮다. 무탈만 해다오!

#1 읽기 시간, 어떻게 읽을까?

국어시간에도 읽고, 도덕 시간에도 읽고, 사회 시간에도 읽고, 과학시간에도 가끔 읽고…….

방법 1

무탈쌤: 앉은 자리 순서대로 한 사람이 한 페이지씩 읽어볼까요?

→ '앉은 자리 순서대로 한 페이지' 법

방법 2

무탈쌤: 친구가 읽다가 단어나 발음이 틀리면 발견한 친구가 바로 연결하여 읽어주세요~

→ '틀리면 멈춤' 법

방법 3

무탈쌤: '조선'이나 '왕'이라는 단어가 나오면 그 단어까지 읽고, 다음 사람이 계속 읽어보세요.

→ '단어 찾기' 법

방법 4

무탈쌤: 들여쓰기가 시작되는 부분부터 다음 사람이 읽어주세요~

아이들: 한 칸 들어간 부분 찾으면 되는 거지?

→ '문단 바뀜' 법

방법 5

무탈쌤: 선생님이 한 문장, 여러분이 한 문장 주거니 받거니 하며 읽어보아요.

아이들: 함께 읽으니 안 창피해~

→ '주거니 받거니' 법

조금 따분한 읽기 시간이 유쾌해 질 수 있다면

여러 방법을 쓰는 것도 괜찮지 않을까?

그러나, 너무 재미만 추구하다보면 핵심을 놓칠 수도 있으니

적절한 수업 진행의 묘미를 살려야 한다는 점을 잊지 말 것!

#2 무탈스님의 즉문즉썰 (자존감 편)

선생님 채우기

무탈스님, 요즘 제 고민은 자괴감이 너무 많이 든다는 겁니다. 열심히 노력하는데도 딱히 잘 하고 있다는 생각이 들지 않고, 늘어난 경력만큼 전문성이 느껴지지도 않습니다. 특히, 제멋대로인 아이들을 볼 때면 진짜 그만두고 싶다는 생각이 들고, 다른 선생님들은 다 잘하는 것 같은데, '나는 왜 이럴까?' 하는 생각에 괴롭습니다.

그건 자존감이 낮아서 생기는 문제입니다.
보통 자신을 낮게 평가해서 자존감이 낮다고 생각하는데, 실은 그 반대입니다. 자신을 과대평가하므로 자존감이 낮아지게 되는 겁니다.
사람들은 보통 자기를 굉장히 대단하고 아름답게 그려 놓고 거기에 집착합니다. 무의식의 세계에서 '나는 이런 사람이야.'라고 생각하는데 현실의 나는 초라하고 별 볼일 없고 인정도 못 받고 있거든요.
그래서 사람들은 현실의 자기를 끌어올려서 자기가 생각하는 모습에 맞추려고 많은 노력을 하게 됩니다. 그러나 자아의식이 워낙 높게 설정되어 있어서 아무리 노력을 해도 자아의식만큼 못 올라갑니다.

자존감을 높이려면 현재 모습을 있는 그대로 인정하고 사랑해야 합니다.
'난 그냥 이 정도의 사람이구나. 그런데 이것도 나쁘지 않네.' 하고 말이죠. 내 능력을 과신하지 말고, 안 된다고 자학하지도 마세요.

무탈스님

우리 선생님들은 대부분 학교 다닐 때 공부를 잘 했을 겁니다. 그래서 이런 칭찬들도 많이 들었을 겁니다.
'넌 정말 머리가 좋구나, 역시! 너는 뭐든지 다 잘하는구나.' 이런 칭찬들로 인해 아이들 모두 올바른 길로 이끌고, 공부도 잘 가르치고, 업무도 뚝딱 해내는, 완벽하지만 허황된 자신의 이미지를 가졌을 겁니다. 자존감이 쉽게 낮아지죠.

그렇다면, 어떻게 해야 자존감 높은 아이들로 키울 수 있을까요?
'넌 정말 머리가 정말 좋구나, 역시! 너는 뭐든지 다 잘하는구나.' 라는 칭찬은 아이들 스스로를 과대평가하게 합니다. 즉, 자존감을 키워주기보다는 오히려 그 반대의 경우가 나타날 수 있어 조심해야합니다.

A 선생님

그럼 어떻게 칭찬해야 아이의 자존감을 세울 수 있을까요?

구체적인 장면을 칭찬해주세요.
'휴지를 주워 깨끗하게 만들어 주었구나, 큰 목소리로 발표를 잘 했구나, 친구가 청소하는 것을 잘 도와주었구나.' 등등 말이죠.
이런 칭찬은 자신에 대한 만족감은 높이지만, 스스로에게 부담은 주지 않습니다. 게다가 칭찬 받은 행동도 강화되니 일석삼조의 효과 아니겠어요?

무탈스님

그러나 아무리 봐도 칭찬할 것이 전혀 없는 학생도 있습니다. 그런 학생이야말로 칭찬을 통해 자존감을 높여주어야 할 텐데 도대체 어찌해야 하나요?

우선 선생님부터 '저 애를 변화시킬 수 있다.' 라는 과대망상, 욕심을 버리십시오.
그 욕심으로 인해 변하지 않는 애들이 미워지고 부족한 내 능력 때문에 스트레스 받는 거거든요. 욕심을 버리면 아이의 행동이 보일 겁니다. 어제보다 조금이라도 나아진 행동, 활동결과에 상관없이 무언가를 하려고 하는 마음, 과정 등을 칭찬해주십시오. 혹시 변화가 안보이더라도, 선생님이 할 수 있는 일을 마음 담아 정성껏 했으니 그걸로 됐습니다.

마음을 편히 가지십시오.
그리고 꿋꿋하게 선생님이 생각하시는 올바른 길을 걸어가십시오. 그러다 보면 선생님과 아이들이 모두 행복해지는 길이 보이지 않을까요?
나무아미무탈 관세음무탈~~~

#3 비오는 날이 좋다! (장마철 활동)

공부 재밌기

장마가 시작되었다.
실내 체육은 이미 봄철 미세먼지 시즌에 다 했고, 체육관은 붐빌 대로 붐비고, 아이들의 불만은 점점 쌓여가고 있을 바로 이때.

두려워 말고 아이들과 함께 우산을 쓰고 밖으로 나가자.

옷 젖을 걱정, 감기 걸릴 걱정에 조금은 망설여지지만, 우산 위 후드득 떨어지는 빗소리에 스트레스는 달아나고 설레는 마음만 내려앉을 것이다.

1. 빗속에서 이어 달리기

우산을 쓰고 이어 달리기를 해보자. 슬리퍼나 샌들 혹은 장화를 신고, 손에는 배턴을 들고 이어 달리기를 해보자. 미끄러져서 옷을 버릴까 걱정이 된다면, 빨리 걷기도 좋다. 평생 잊지 못할 이어달리기가 될 것이다.

2. 나뭇잎 배 만들기

나뭇잎을 포함한 자연물로 배를 만들어보자.
운동장 여기저기 물길이 생기면 그곳에서 배 띄우기를 해볼까?

3. 빗속에서 노래 부르기

비와 관련된 노래를 불러보자. 아마도 맑은 날 부르는 것과는 사뭇 다른 느낌이 들 것이다. 미리 몇 곡 같이 배운 뒤에 빗속에서 같이 노래를 불러보자.

4. 분필로 그림 그리기

비 오는 날 분필을 들고 바위나 젖은 의자 위에 그림을 그려보자. 색도 표현이 잘 되고, 그림도 쉽게 그려진다.

5. 나무 아래서 샤워하기

나무 아래 모여서 나무를 흔들어 빗방울이 한꺼번에 떨어지게 하자. 함께 나무 샤워하는 기분이 꽤 괜찮을 것이다.

6. 모래 놀이

모래놀이 도구를 가져와서 소꿉놀이부터 모래성 만들기까지…. 촉촉하게 비가 오는 날, 우비 입고 앉아서 촉촉한 흙을 만지면 색다르게 느껴지지 않을까?

7. 빗속에서 비눗방울 불기

빗속에서 비눗방울 불기! 빗방울 사이로 요리조리 피해 날아가는 비눗방울! 누구의 비눗방울이 가장 오래 가는지 내기해보는 것도 재미있을 것이다.

8. 빗방울 음악회

빗방울이 거셀 때는 교실 안에서 보이는 통, 주전자, 양동이들을 들고 나가 운동장 한쪽에 엎어 두고 빗방울 맞는 소리를 관찰해보자. 숨죽이고 들어야 빗방울의 연주회를 들을 수 있다. 도시에서 경험하기 쉽지 않은 자연의 소리를 같이 경청하고 공감하는 기분은 영화처럼 멋질 것이다.

비옷, 수건, 양말, 신발, 우산, 간단한 여벌옷은 장마가 오기 전에 미리 준비시키자. 그리고 아이들이 젖은 뒤 바로 집에 가면 좋으련만, 하교하지 못 하고 방과 후 수업, 학원, 공부방 등으로 가야 하는 경우가 대부분이니 너무 오랜 시간 빗속에 있지 말자.

여기서 잠깐!

감성 깨기 와장창 – 장마철 활동 전 안전교육

- 친구 향해 우산 함부로 휘두르지 않기
- 직접 친구 향해 발로 물차지 않기
- 미끄러질 수 있으니 경사진 곳에서는 뛰지 않기
- 빗물로 웅덩이가 팬 곳은 천천히 조심히 걷기
- 비오는 날은 해가 없어 흐리니, 주변을 잘 살피며 걷기
- 비 오는 날은 되도록 밝은 색 옷 입기
- 현관 또는 실내에 들어올 때는 우산의 빗물을 조심히 잘 털고 들어오기

#4 나라사랑 계기교육

무탈! 너는 아느냐?
어떤 날까지 계기교육을 해야 하는지?
무탈! 너는 아느냐?
어느 선까지 짚어줘야 하는지?

안 할 수도 없고, 하자니 뭘 어떻게 해야 할지 모르겠고.
난감하네~난감하네↗ 난감하네↘ 난감하네~~
내 안의 또 다른 자아와 자문자답을 해 보았다.

Q 계기교육, 도대체 어떤 날까지 해야 할까?

"세금의 날, 바다의 날까지 할 순 없잖아? 국경일과 주요 기념일까지 하면 좋지 않을까? 우리나라 5대 국경일로는 삼일절, 제헌절, 광복절, 개천절, 한글날이 있고, 주요 기념일은 현충일, 6·25 전쟁일, 어린이날 등이 있어. 현재 정부 주관 기념일은 49개나 되지."

Q 계기교육, 무슨 내용으로 해야 할까?

"내용? 글쎄, 국경일이나 기념일에 대한 자세한 설명보다는 아이들에게 생각해 볼 거리를 던져주면 좋지 않을까?
개천절에는 '만약 여러분들이 단군할아버지라면 어떤 나라가 되길 바라면서 나라를 세웠을까요?'
한글날에는 '여러분들이 외국인에게 한글을 가르쳐준다면 어떤 방법으로 재미있게 가르쳐 줄 수 있을까요?'와 같은 생각거리를 주는 것 말이야"

Q 6월에는 기념일이 두 개나 있네. 어떻게 가르쳐야 할까?

"6월은 우리나라를 위해 희생하신 순국선열을 기리는 내용으로 계기교육을 하면 좋을 것 같아.

· 두 기념일의 의미 알기
· 왜 우리가 이 날들을 기억하고 기념해야 되는지 생각해보기
· 두 기념일이 우리에게 주는 교훈 생각해보기

이런 내용으로 가르쳐보면 어때?"

Q 좀 더 공감할 수 있게 가르칠 수는 없을까?

"그럼 세 단계로 가르쳐보면 어때? 우선, 아이들에게 우리나라를 위해 희생한 분들이 없었다면을 상상해보게 해 봐. 우리말을 쓸 수 없거나, 난민으로 떠돌아다닐지도 모른다는 이야기를 하다보면 나라가 있어 소중하다는 마음이 생기지 않을까? 다음은, 우리나라에 대한 긍지를 가질 수 있도록 자랑거리를 찾아보게 하는 거야. 한글이나 K-POP 등 우리나라의 자랑거리를 찾다보면 우리나라에 대한 자긍심이 생기겠지. 마지막으로, 아이들에게 너희들이 우리나라의 자랑거리를 만들 수도 있다는 사실도 알려줘. 그리고 어떤 자랑거리를 만들고 싶은지 물어보는 거야. 그러면 분리수거를 잘 해서 깨끗한 나라를 만들고 싶다거나, 노벨상을 타서 노벨상 수상자가 있는 나라를 만들고 싶다는 등 스스로 나라를 위해 할 수 있는 일을 찾을 수 있을 거야."

이번을 '계기'로 '계기교육'을 잘 할 수 있는 '계기'가 되었다.

내 안에 이렇게 훌륭한 자아가 있었다니!

#5 다 같이 부르자, 동요 노래집 자료 있음

잘 해오고 있다고 생각했는데….
3월부터 지금까지 그 어느 해보다 학급운영을 열심히 했는데, 문득 아이들의 건성 대답과 총기가 빠져나간 눈빛을 마주하면 당황스럽다.

"얘…얘들아, 선생님 잘 하고 있는 것 맞지…?"

5월은 체육대회나 어린이날 행사 그 외 다양한 이벤트로 즐겁다가
6월은 그와 같지 않아서일까?
간단한 준비로 아이들의 활기를 돋울 방법이 있으면 좋을 텐데…
어디보자.
그래, 노래가 있었지!

노래 하나로 전 연령대를 커버할 수 있는

노래 부르기! 어떤 효과가 있을까?

노래 부르기 효과는?

- 신경세포(뉴런)간의 정보 전달이 촉진된다.
- 엔돌핀과 옥시토신이 분비되어 더 건강하고 행복해진다.
- 심장에 좋고, 암 환자의 경우 면역력이 강해진다.
- 직감, 상상력과 관계된 우뇌를 활성화하여 창의적이게 된다.
- 합창단처럼 여럿이 부르면 더더욱 좋다

뇌신경과학자

노래 부르기 전략을 활용해야 하는 상황!

'아침에 야단맞고 등교한 아이들이 있어 보일 때'

'친구와 다퉈 속상한 아이가 있을 때'

'심한 사춘기를 겪고 있는 아이들이 있을 때'

'들떠 있는 아이들이 많은 날'

'너무 가라 앉아 있는 아이들이 많은 날'

그리고 왠지 '노래 부르고 싶은 날'

선생님은 어느 정도를 준비하고 기대하면 좋을까?

1. 가사집을 출력해서 책으로 묶어둔다.
2. 책으로 미처 출력할 시간이 없다면, 가사자막이 잘 나온 노래를 유튜브로 미리 검색해둔다.
3. 노래 부를 시간을 미리 염두에 두어, 수업내용 조절도 필요하다.
4. 노래를 듣고만 있는 친구들에게 다가가서 "함께 불러볼까?"라고 속삭여주자. 그래도 반응이 없다면 감상하겠다는 무언의 표시이다. 그 아이들의 뇌에선 현재 '도파민과 옥시토신'이 열심히 분비되고 있다. 조금 후에는 자기도 모르게 콧소리 내고 있을 것이다.
5. 변성기라 자기 목소리에 자기가 놀라 부르고 싶은 마음을 어쩔 수 없이 누르고 있는 아이들도 있다. "괜찮아"라며 눈 감아 주자.
6. 첫 술에 절대 배부르지 말 것이며, 여러 회를 거듭하여 아이들이 노래 부르기에 익숙해지면 그때 신나게 떼창도 한다. '즐기는 자'가 되게 하기 위해 시간과 빈도의 여유를 충분히 주자.

#6 맨손의 마법(교)사

'교사가 최고의 콘텐츠'라고 한다.

그 말은 맨손 수업으로도 아이들을 들었다 놨다하는 마법사 같은 교사를 지칭하는 것이리라.
수업 계획을 미처 못 짰다고, 수업 자료 준비를 깜빡 잊었다고, 갑자기 보결 지시가 떨어졌다고 너무 염려하지 말자.

강철같은 멘탈과 맨손, 그리고 애드리브만 있으면
아이들의 집중력을 내 맘대로 저글링할 수 있을 것이다.

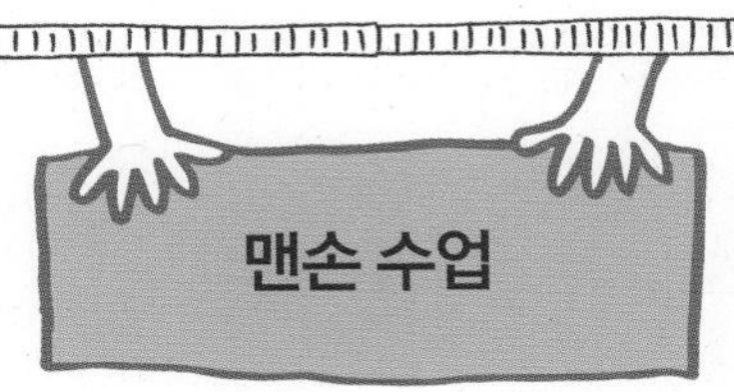

하나. 동기유발부터 맨 손으로!

'뭘까요?' 라고 하며 수업에 관련 있는 물품을 손에 쥐고 재빠르게 보여준 후 숨기자. 보여줄 듯 말 듯 애간장을 태우며 밀당을 즐겨보자. 핵심 단어의 초성을 적어 어떤 단어인지 맞히는 '초성퀴즈' 게임도 간단하면서 아이들의 주의를 끌 수 있다. 가끔 '모음퀴즈'를 해도 좋다.

둘. 수업에 아이들을 대입해 보자.

글 속 주인공 이름을 우리 반 아이 이름으로 바꾼다거나, 수학 문장제 문제의 주인공을 우리 반 아이로 치환하자. 주인공이 된 아이가 몰입함은 물론 다른 아이들도 빛나는 조연을 담당하려 애쓸 것이다.

셋. 선생님을 최대한 활용하자

선생님들은 자기도 모르는 끼가 숨겨져 있다. 교과서 내 등장인물의 특징을 살려 목소리를 변조하여 읽어주거나, 1인 4역 정도는 기본이라는 듯 연기를 하며 글을 읽어주자. 메소드 연기 한 방이면 애들 눈빛이 달라진다. 나를 버리자!

넷. 다른 사람으로 변신하자

"자, 전문가 나와 주시죠? 어디 가셨지?" 하며 복도로 일단 나간다. 나가서 스카프를 두르거나, 안경을 쓰거나, 머리스타일을 달리하는

등 간단히 변신한 후, 전문가인 척 들어온다. "에이~ 선생님이잖아요."라고 말할 때의 고비만 애드리브로 잘 넘기면 한 시간을 재밌게 보낼 수 있다.

다섯. 아이들을 참여시키자

가수들이 공연 도중 관객들에게 마이크를 건네는 이유는?
가사를 까먹었다기보다는 관중과 좀 더 호흡하기 위해서.
마찬가지로 선생님이 읽는 문장이나 설명에 맞춰 직접 동작을 해 보게 한다. '식물의 구조'를 배울 때는 아이들이 직접 꽃, 잎, 줄기, 뿌리로 빙의하여 식물 입장을 대변할 수 있다.

여섯. 주제에 스토리를 넣어 보자

'과학상상화를 그려 봅시다' 보다는 '지구에 문제가 생겨 화성에 가서 살게 되었습니다. 화성은 공기가 희박하고 평균 온도가 -80도라 매우 추워요. 여러분들이 여기에 도시를 건설한다면 어떤 모습일까요?' 등 주제에 스토리를 담는다면 아이들은 좀 더 구체적인 상상을 펼칠 수 있을 것이다.

원. 이구동성

모둠원 수와 같은 글자 수를 가진 단어를 정하고, 각 모둠원은 한 글자씩 맡는다. 차례로 서서 선생님이 '하나 둘 셋'하면 모둠원이 동시에 맡은 글자를 큰 소리로 외친다. 선생님은 가끔 '할머니 목소리로', '무음으로 외치기' 등의 재미요소로 변화를 준다.

투. 선생님의 애정템을 찾아라!

술래 한 명을 정하고, 복도로 내보낸다. 선생님의 애정템을 교실 어딘가에 숨긴다. 술래가 교실에 들어왔을 때 애정템이 있는 곳에 가까이 가면 아이들은 박수를 크게, 멀어지면 작게 쳐준다. 음악시간에 노래 부르기 지루해할 때 사용하면 효과만점이다.

쓰리. 선생님을 읽어라!

글자 수를 먼저 정한다. 선생님이 첫 글자를 외치면, 아이들은 첫 글자에 맞게 글자 수에 해당하는 단어를 말한다. 어떤 첫 글자도 괜찮다. 무조건 외치면 아이들이 뒷수습한다.
'세 글자입니다. 고', **'양이'**, '원', **'숭이'**, '소', **'나무'**, '비', **'빔밥'**.

포. 숫자 야구

한 명의 아이가 앞으로 나와 세 자리 수를 생각한다. 다른 아이들은

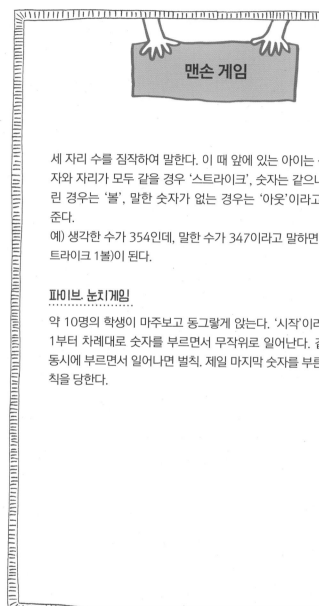

세 자리 수를 짐작하여 말한다. 이 때 앞에 있는 아이는 생각하는 숫자와 자리가 모두 같을 경우 '스트라이크', 숫자는 같으나 자리가 틀린 경우는 '볼', 말한 숫자가 없는 경우는 '아웃'이라고 힌트를 써준다.
예) 생각한 수가 354인데, 말한 수가 347이라고 말하면 1S 1B(1스트라이크 1볼)이 된다.

파이브. 눈치게임

약 10명의 학생이 마주보고 동그랗게 앉는다. '시작'이라고 외치면, 1부터 차례대로 숫자를 부르면서 무작위로 일어난다. 같은 숫자를 동시에 부르면서 일어나면 벌칙. 제일 마지막 숫자를 부른 아이도 벌칙을 당한다.

화려한 자료, 눈부신 기술로 수업을 채워야만 한다는
부담감을 내려놓자.
가끔은 베이직하고도 묵직한 한 방이
오히려 아이들에게는 선생님을 다시 보게 하는 계기가 될 수 있다.

맨 손! 보기보다 숭고한 요물이다.

7월

JULY

저절로 잘하게 되는 달

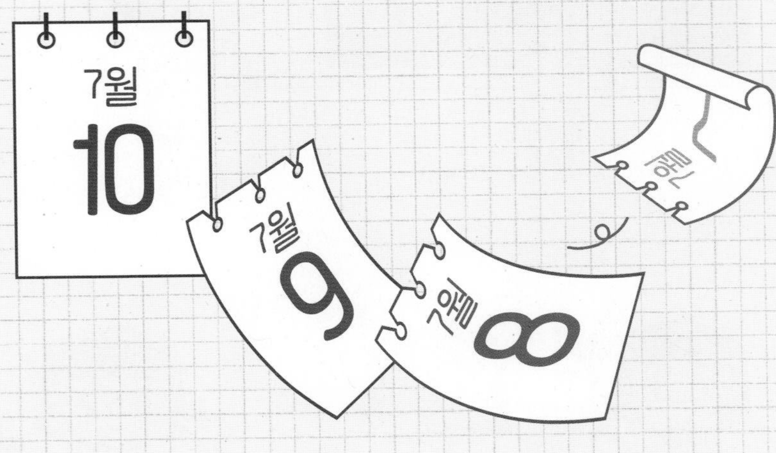

오늘도
무탈쌤은 달린다.
저절로 …

진도 빼기

성적 처리

구석 구석 청소하기

방학 전 안전지도

교과서 나눠주기

연수 신청

방학 캠프 준비

학기말 이벤트 준비하기

화분 관리

문서 정리하기

학생들이 못하고 간
사물함, 책상 정리

학급 파티

내 책상 정리

쓰레기통 씻기

그런데 왜 저절로 달린다는 거야?

방학 때 학교에 나올 순 없잖아!!!

#1 행발쫑알이 쉽게 쓰는 법 자료 있음

요즘 들어 입맛도 없고, 자꾸 자다 깨고, 기분이 울적하다 했더니, 성적 시즌이다.

생각하는 것과 글로 표현하는 것은 차이가 있는지라 그 아이의 특성을 제대로 풀어내는 것에 대한 스트레스가 만만찮다.
'태도가 바르며', '책임감이 강하고', '성실하고', '정리를 잘 하며' 라고 밖에 행동 특성을 표현 못 하고,
'잘', '매우', '정말', '다소' 라는 부사로 밖에 잘 하는 정도를 표현 못 하는 나 자신을 발견하였을 때
스트레스는 최고조였다.

어찌 하면 행발좋알이를
조금이라도 잘! 정확히!
빨리! 쓸 수 있을까?

A-HA!!!!! 어휘구나.

그래서 인성과 학습능력을 표현하는 다채로운 어휘를 모아보았다. 단어를 찬찬히 읽어가며 신중하게 골라야 하는 약간의 불편함만 감수한다면, 그 아이에 딱 맞는 '행발좋알이'를 작성할 수 있을 것 같은 기대감이 든다.

★ 학습능력을 나타내는 어휘에는 무엇이 있을까?

주요 내용을 잘 간추리는	여러 지식을 융합가능한
전략적 사고를 하는	다양한 대안을 제시하는
추론을 잘 하는	과제 몰입도가 높은
설득력이 있는	문제를 정확히 인식하는
자기주도학습력이 뛰어난	계획을 조직화할 수 있는
사고 과정이 독창적인	가치판단이 뛰어난
계획을 조직화할 수 있는	사고의 폭이 넓은

★ 인성을 표현하는 어휘에는 무엇이 있을까?

사교적인	섬세한	긍정적인
결단력 있는	모험심이 강한	생각이 깊은
주도적인	자발적인	일관성 있는
정의로운	꼼꼼한	친화력이 있는
온화한	타협할 수 있는	자존감을 지닌
느긋한	관대한	모험심이 강한
자립적인	해맑은	

오늘 밤은 꿀잠 예약이다!

#2 내 인생, 이런 방학 처음이야

아이 세우기

똑같이 제시하는 방학 과제.
과제니까 어쩔 수 없이 만들어서 개학날 들고 오는 숙제, 과제물.
항상 의욕이 없고, 시켜야만 겨우 움직이는 아이들이
습관 만들기도 좋고, 모자란 공부 보충도 좋은데, 무엇보다도
'생기'를 찾았으면 좋겠다.

자신이 계획한 새롭고 짜릿한
경험을 나만의 책으로 만들어
오는 건 어떤가요?

"그래! 자신만의 멋진 방학을 경험하고 책에다 기록해 보는거야!
마치 '아라비안나이트' 엮듯 말이야."

3월 4월 5월 6월 7월 8월 9월 10월 11월 12월 1월 2월

『내 인생, 이런 방학은 처음이야!』

내 인생은 내가 스스로 만들어 가는 것!
나의 여름방학 이야기가 담긴 책 만들기를 '미끼'로 아이들이 짜릿하고 까무러치게 재밌는 경험을 해 볼 '기회'를 주어야겠다.

나만의 여름방학 책 만들기

자료 있음

1. 4절 도화지로 미니북을 만들자.
2. '○○이만의 여름방학 책', '○○의 모험집'과 같은 제목을 짓고 내 마음대로 표지를 꾸며보자.
3. 아이들의 이해를 돕기 위해, 활동 예시 쪽지를 나눠주자.
'나만의 여름방학 책'에 붙여 참고해도 좋고, 그냥 읽어 보기만 해도 좋다.
4. 이야기의 시작을 적자. 어떤 멋진 스토리로 시작해볼까?
예) '20○○년 8월 ○일, 지구별에 사는 ○○이는 살면서 단 한 번도 못 해 본 경험을 하게 되는데…'
5. 비어있는 쪽은 방학 동안 원하는 경험을 한 후 채워나가면 된다.
6. 마지막 쪽에는 마무리 이야기를 적어 책을 완성한다.
7. 개학날 가지고 와서 친구들과 같이 본다.

*297쪽 내 꿈을 찾아 떠나는 겨울방학 책 그림을 참조하세요.

✐ 활동 예시 쪽지

□ 아빠와 함께 당일치기 자전거 여행

□ 하루 종일 보고 싶었던 TV 원 없이 보기

□ 수박씨 멀리 뱉기 가족 배틀하기

□ 애완동물과 의사소통하기

□ 부모님 도움 없이 혼자 영화표 예매하고, 영화보고 돌아오기

□ 한 끼 근사하게 차려 부모님께 대접해 드리기

□ 우리 가족 여행 가이드가 되어 계획, 준비 진행해 보기

#3 여름방학 안전 교육 자료 있음

방학 전 꼭 챙겨야 하는 일 중 하나,
바로 방학 중 생활 안전이다.
즐거운 여름 방학은 매년 있고, 방학 중 안전한 생활하기는 변함없이
지켜야 하니 이 파일도 평생 소장각!

물놀이 전 준비운동하기

폭염 주의하기

자외선 차단 크림 바르기

차가운 것 많이 먹지 않기

식중독 조심하기

항상 언제 어디서나 손 씻기

#4 방학 전 교실 마무리

만약 집을 한 달 정도 비운다면 어떤 준비를 하고 떠나야 할까? 청소도 하고, 강아지도 호텔에 맡겨야 하고, 있기만 하다면 귀금속도 숨겨야 한다.

선생님에게는 교실도 마찬가지이다.
아이들과 정을 나누고 내 집처럼 가꾸었던 장소를 한 달 정도 비운다면, 이곳저곳 손이 갈 부분들이 보일 것이다.

그래서 짚어보았다.
'방학 전 꼭 해야하는 교실 마무리 사항들!'

방학 전 교실 마무리 사항들

하나. 주요 문서는 외장 하드에 한 번 더 저장하기

컴퓨터에 어떤 불시의 상황이 생길지 모르니 외장하드를 이용하여 저장해두자.

둘. 수기 문서는 보안장소에 보관하기

중요한 수기문서는 교무실 내 지정된 장소, 또는 잠금장치가 있는 곳에 보관해야 한다. 이후에 있을 감사에 대비해서 보관에도 각별한 주의를 기울이자.

셋. 각종 비밀번호 교무실에 확실히 알리기

내 것인 듯 내 것 아닌 내 것 같은 나의 교실과 컴퓨터! 급작스럽게 교실을 열거나 컴퓨터를 켜야 하는 상황이 발생할 수 있으니, 교실 및 컴퓨터 비밀번호는 항상 업데이트 해놓자.

넷. 화분의 여름나기 도와주기

작은 화분이라면 방학 동안 아이들에게 잠시 맡기고, 큰 화분이라면 학교의 지정된 장소로 이동시켜 관리 받게 하자.

다섯. 책상 서랍, 사물함 정리하기

아마 3월에 배부한 가정 통신문부터 그렇게 찾아 헤맸던 수학학습지까지, 꼬깃꼬깃 박제가 되어 나올지도 모른다. 시원하게 모두 꺼내어 정리해보자.

여섯. 집으로 보낼 물건들 챙기기

양치도구, 리코더, 급식용 앞치마와 마스크 등 아이들 위생과 관련된 도구들은 집으로 보내고, 깨끗하게 세척 또는 새 것으로 교환해서 가져오도록 하자. 오래 꽂혀 색 바랜 우산도 포함이다.

일곱. 선생님 물건 챙기기

운동화, 실내화, 모자, 운동복, 방석 등 자주 사용해서 세척하지 못했거나, 가끔만 사용해서 세척이 쉽지 않았던 물건들도 깔끔하게 만들어 오는 센스!

여덟. 구석구석 대청소하기

사물함이나 책꽂이 뒷부분도 잊지 말고 청소할 것. 아이들과 힘을 모아서 살짝 위치를 옮기거나, 책걸상을 복도로 내보내서 교실 전체를 한 눈에 조망하며 청소하는 것도 좋은 방법이다.

아홉. 쓰레기 처리하기

모든 분리수거 상자, 쓰레기통 속에 한 톨의 먼지도 남겨서는 안 된다. 깨끗이 세척 후 엎어놓으면 개학날 등교했을 때 따뜻한 나무 냄새가 우리를 반겨 줄 것이다.

열. 책걸상 또는 고장 난 비품 정비하기

교체 또는 정비가 필요한 경우에는 2학기에 좀 더 즐겁게 공부할 수 있도록 방학 기간 동안 정비요청을 해두자. 삐걱거리는 문, 고장난 기자재 모두 마찬가지이다.

열하나. 신문으로 비품 보호하기

선생님 책상 위는 물론이고 아이들 책상, 사물함 등을 신문지로 덮어 두자. 개학날, 신문지만 걷어내어도 먼지 제거에 효과가 있다. 또한 창문을 잘 잠근 후, 커텐을 치거나 블라인드를 내려 햇빛을 차단하면 탈색 방지에도 도움이 된다.

드디어 이 모든 걸 정리하고 책상에 앉았다.

휴우~

얼마 후면 바쁨의 연속이었던 지난날을 잊고, 절대 올 것 같지 않았던 방학을 맞이하게 된다.

우선은 다 잊고 지친 몸과 마음부터 쉬게 해줘야겠다.

조금은 지긋지긋 했던 일상들도 슬그머니 추억들로 바뀌겠지?

#5 알.쓸.해.준(알아두면 쓸데있는 해외여행 준비물)팁

선생님 채우기

기다리고 기다리던 방학!
학기 중 끊임없이 말을 해야만 했던 일상을 뒤집어 '묵언수행'의 시간을 갖기로 했다.

두문불출하기로 했냐고?
아니, '나홀로 자유여행' 가기로 했다.
비행기 티켓은 땡처리로 구입했고, 숙소는 가격 비교 사이트에서 겟!
인기 좋은 여행 가이드북도 사 두었다.

그런데도 이 미심쩍은 마음은 뭐지?
당황하지 않고 나홀로 여행을 성공적으로 마치게 할 여행 준비물.
안전함과 편리함을 보충하여, 수고한 나에게 행복을 선물하자.

수고한 나에게 행복을 선물하자!

1.오가닉 마스크

기내에서 건조함이 느껴진다면 오가닉 마스크를 쓰자. 가습에 효과적이다. 감기의 조짐이 있거나 여행지의 온도차가 급격할 때 쓰면 큰 도움이 된다. 나홀로 여행에서 건강은 필수다.

2.보조 배터리

줄여서 보배! 길 찾기, 맛집 검색, 사진 찍기, 음악듣기 등 나의 여행 비서 휴대폰을 심폐소생해주는 보배로운 보조 배터리! 휴대폰이 명을 다하면 눈 깜짝할 새에 국제미아 되는 건 시간문제이다.

3.배낭 보호망

열차 안에서 잠잘 때 배낭을 도난당하면 어떻게 하지? 화장실 갈 때나 도미토리에서도 짐을 껴안고 잘 수도 없고. 이럴 땐 배낭 보호망의 케이블로 배낭을 단단히 싼 뒤 철제 기둥에 묶어두자.

4.스카프

스카프는 변신의 귀재! 목에 두르기 외에도 바람막이, 돗자리, 보자기, 비치타올, 가방 가리개 등의 용품으로 변신할 수 있다. 여행지에서도 쉽게 구입할 수 있으니 이국땅에서도 값싼 걸로 구매 가능!

5.잭 나이프

홀로 식당에 가기 머쓱할 때 주변 마트에서 산 하드 롤빵을 쓱쓱 갈라 신선한 햄과 치즈를 넣고 즉석 샌드위치를 만들어 먹자. 비타민 보충을 위해 과일을 사서 먹을 때도 유용하다.

6.셀카봉이나 짐벌

사진 찍어달라고 부탁하는 것도 한두 번. 멋진 달력 사진만 찍어올 수도 없다. 셀카봉을 가져가서 기막힌 풍경을 배경으로 내 모습도 멋지게 담자. 셀카봉 기능도 되는 동영상 촬영용 짐벌* 도 추천한다.

7.배낭 커버

비 오는 날, 옆에 누가 없음이 울적하게 느껴질 때 만약 가방까지 젖어버린다면 한 없이 우울할 것이다. 배낭만큼은 배낭 커버로 뽀송뽀송하게 지켜주자. 마음도 어느 샌가 뽀송뽀송하게 되살아날 것이다.

8.T형 멀티탭

핸드폰, 보조배터리, 공유기…
잠자기 전 잊지 않고 충전해야하는 여행 필수품들이다. 3구짜리 T형 멀티탭 하나면 단 한 개의 콘센트만 있어도 no problem! 설마~ 방 안에 단 한 개의 콘센트도 없는 건 아니겠지?

***짐벌:** 카메라로 동영상이나 사진을 촬영할 때 흔들림을 최소화하기 위해 사용되는 장치

8월

AUGUST

잘 비우는 달

휴식이 끝난 후
자신도 모르게 일이 잘 진행되는 경우가 있다.
수많은 문제점들이 해결되고 사고는 풍부해지며
화술은 세련되어 진다.
잠시 휴식을 취한 뒤에는
마치 밭을 갈지 않고 뿌린 씨앗이 성장하여
힘 안들이고 곡식을 수확하는 것처럼
일이 쉽게 진척되는 경우가 많다.
-힐티-

맞아, 아무것도 안 하다 보면
대단한 뭔가를 하게 되지

영화「곰돌이 푸, 다시 만나 행복해」

야호 방학이다!
나를 비우기 위해 평소에 하고 싶었던 일 하기!
이번 주엔 뭘 할까?

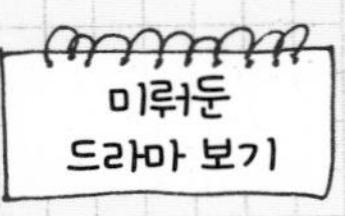

23시간째 드라마 정주행 중

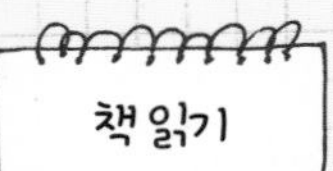

나 잘 비우고 있는 거 맞지?
하지만 결국은 학교 생각ㅠ_ㅠ

#1 내 인생에 이런 방학 처음이야

방학한지 이제 3일! 이제 슬슬 내가 보인다.

내색은 못했지만 나도 아이들처럼 그렇게 원했던 방학이었다.

그런데, 지금 뭘 하고 있지?

내가 꿈꿨던 짜릿한 일탈들!

과연 이번 방학에는 할 수 있을까?

- **호캉스:** 호텔에서 즐기는 바캉스라는 의미로, 멀리 휴가를 가지 못하는 직장인들이 가까운 호텔에서 수영이나 맛있는 음식을 즐기며 휴식을 취하는 것
- **DIY:** 소비자가 원하는 물건을 직접 만들 수 있도록 한 상품
- **인싸:** 인사이더(insider)의 준말로 자신이 소속된 무리 내에서 적극적으로 어울려 지내는 사람

이번 방학에는 기필코…!

1. 해외 셀럽들이 묵었다는 5성급 호텔 찾아 호캉스*하기
2. 에어컨 빵빵한 미술관, 박물관에서 관람은 패스하고 카페에서 음료 마시기
3. 동틀 때 극장 들어가서 이어지는 영화 계속 보고 별보며 나오기
4. 기차 타고 택시 타고 무조건 바다로 떠나기!
5. 카페 딸린 서점 혹은 도서관에서 냉커피 마시며 최신 베스트셀러 읽기
6. 전망 좋은 곳에서 풀코스 프랑스식 파인 다이닝 음미하며 먹기 (아무리 느끼해도 김치는 절대 생각하지 않으며….)
7. 인기 드라마 시리즈 처음부터 끝까지 시청 완주하기
8. 운동하고 땀 흘린 뒤 디톡스 주스 먹으면서 해독하기
9. 수고한 나를 위해 좋은 선물 사기 (약간 부담스러운 가격이어도 반드시 지를 것!)
10. 하루 동안 전화나 인터넷 없이 지내보기
11. 낮 동안 자고 밤에 일어나서 치맥하기
12. 최신 인싸*댄스 한 가지 반드시 익히기
13. 소극장에서 코미디 연극 보며 실컷 웃기
14. DIY*로 근사한 무언가를 만든 후 SNS에 올려 자랑하기

1~14번까지 한 가지 이상
반드시 실천하기!

9월
SEPTEMBER
다시
잘 해보자 달

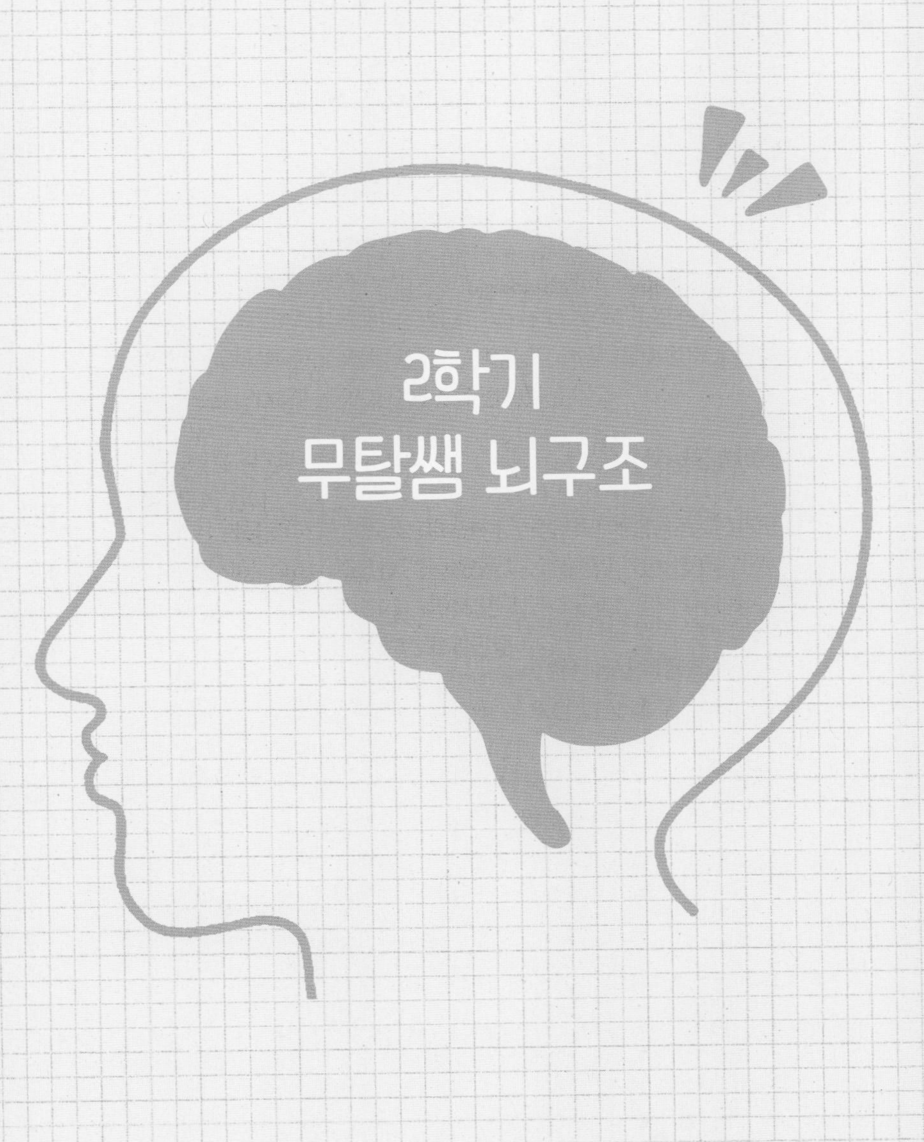
2학기
무탈쌤 뇌구조

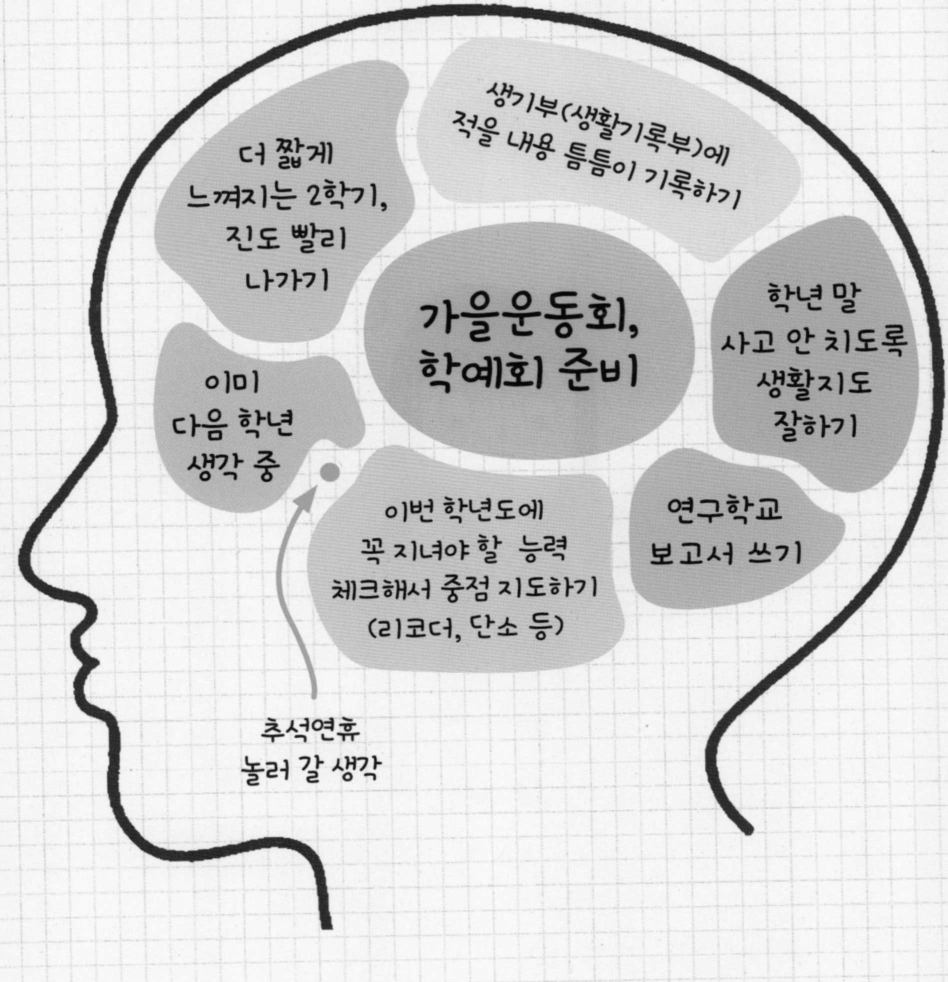

생기부(생활기록부)에
적을 내용 틈틈이 기록하기

더 짧게
느껴지는 2학기,
진도 빨리
나가기

가을운동회,
학예회 준비

학년 말
사고 안 치도록
생활지도
잘하기

이미
다음 학년
생각 중

이번 학년도에
꼭 지녀야 할 능력
체크해서 중점 지도하기
(리코더, 단소 등)

연구학교
보고서 쓰기

추석연휴
놀러 갈 생각

#1 개학날 체크리스트 자료 있음

연휴 낀 주말 한 번을 보낸 것 같은데 벌써 개학이다.
'첫 날의 마법'이라고 개학날 잘 준비해서 시작해야 한 학기가 편한 법.
그럼 2학기 첫 날 준비 들어가 볼까?

아이들이 등교하기 전에 어떤 준비를 해놓으면 좋을까?

- □ 창문 열어 환기하기
- □ '건강하게 만나서 반갑습니다.'등 칠판에 간단한 환영문구 적기
- □ 손걸레로 가볍게 먼지 제거하기
- □ 에어컨 시원하게 틀어두기
- □ 잔잔한 클래식 음악으로 분위기 살리기
- □ 책상 위에 학습지나 독서할 책 올려놓기
- □ 아이들 눈 맞추며 반갑게 맞이하기

아이들도 오랜만에 만나는
선생님이 어색하겠지?
내가 먼저 밝은 목소리로
인사해야겠다.

아이들 등교한 후 할 수 있는 주요 활동 두 가지는?

'혼자 왔어요, 둘이 왔어요, 셋이 왔어요.' 게임으로 오랜만에 만나 서먹한 관계를 회복하자.

혼자 왔어요, 둘이 왔어요, 셋이 왔어요 게임

step1.

의자만 가지고 동그랗게 둘러앉기

step2.

진행 방향 결정하기

step3.

한 명의 아이가 만세를 부르며 '혼자 왔어요!'라고 외치고 앉으면, 옆에 있는 두 명의 아이들이 '둘이 왔어요!'라고 외치고 앉고, 그 옆에 있는 세 명의 아이들이 '셋이 왔어요!'라고 외치고 앉기. 진행 방향에 따라 '하나, 둘, 셋'을 반복하기

(심화 버전으로 구호를 '야호/개학이다/만나서 기뻐'로 바꿔서 반복하는 것도 가능하다.)

그 다음은 '모둠 진진진가 게임'으로

방학동안 있었던 일을 친구들과 이야기 나눠보자.

모둠 진진진가 게임

step1.

무탈 방학책이나 방학동안 한 일을 모둠원들과 이야기 나누기

step2.

모둠원들끼리 '진진진가 문장' 만들기. 4명 모둠이라면 한 명은 하지 않은 일로 문장을 만들고, 세 명이 진짜 한 일로 문장을 만들어 발표하기

그 밖에 자리 바꾸기, 일인일역 정하기, 사물함 정비 안내, 교과서 챙기기 등의 안내도 놓치지 말자.

PLUS TIP

방학 숙제, 최소한의 노력으로 최대의 효과가 나도록 검사하는 꿀팁!

"여러분, 방학 숙제는 책상 위에 올려놓고 가세요."

정성들여 한 방학숙제에 선생님의 도장 하나만 얹으면 왠지 미안한 마음이 든다. 사랑 담긴 코멘트를 적어주고 싶지만, 걸리는 시간이 후덜덜하다. 이때는 개인이 낸 숙제 중 가장 잘한 과제에 트로피 스티커를 붙여 주자. 스티커 하나 붙였을 뿐인데 처음 받아보는 트로피에 '우리 선생님 짱!'이라고 외칠 것이다.

#2 선을 넘지 않는 녀석들, 우리 다시 시작해볼까? 자료 있음

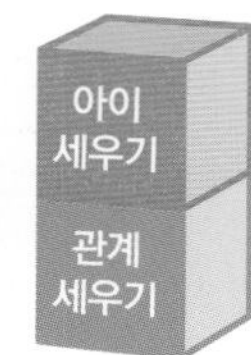

서로의 노력 덕분인지 1학기 동안은 잘 지냈다.

그러나 서로를 점점 더 알아가면서 호감인 아이, 비호감인 아이가 생겨나더니, 급기야는 주눅 들어버리거나 잘난 체 하다 못해 교실 내에서 파워를 행사하는 아이도 생겨났다.
이 사실을 알면서도 막무가내로 엮어주고 친하게 지내라 할 수도 없는 노릇!

2학기에는 서로 존중하는 가장 좋은 방법이
'선을 넘지 않고' 선을 지키는 것임을 깨우칠 수 있는
활동으로 시작하려 한다.

나 사용 설명서

나는 이런 장점이 있어요
나는 이런 단점이 있어요.
나는 이런 말과 행동을 좋아해요
나는 이런 말과 행동을 싫어해요.
내가 기분 좋을 때는 이런 표정과 행동을 해요
내가 기분 나쁠 때는 이런 표정과 행동을 해요
2학기 때 내가 꼭 갖고 싶은 관계습관 적기

❶ '나의 장점과 단점'을 적으면서 자신에 대해 생각해보기

❷ '내가 좋아하고 싫어하는 말과 행동'을 적으면서 주변 친구들이 자신을 이해할 수 있는 기회 갖기

❸ '기분이 좋을 때와 기분 나쁠 때 하는 표정과 행동'이 사람마다 다를 수도 있다는 점을 깨우기

❹ 좀 더 나은 자신을 위해 '2학기 때 내가 꼭 갖고 싶은 관계 습관' 적기

그리고 '나 사용 설명서'를 한데 모아 '우리 반 친구 사용 설명서'라는 제목 아래 일정 기간 교실 내에 게시해두자.

친구의 이야기를 읽으며 '존중'의 가치를 깨달을 수 있을 것이다.

단, 너덜너덜해지기 전 떼어내서 파일함 제일 앞 페이지에 넣어두게 하자.
자신에 대해 두고두고 생각해볼 수 있는 계기가 될 것이다.

만약 '나 사용 설명서' 활동이 생소하다면 '선생님 사용 설명서' 활동으로 분위기를 환기시켜 보자.

여기서 잠깐!

선생님 사용 설명서' 활동

"너희들, 1학기동안 함께 지냈다고 선생님을 잘 안다고 생각하지? 과연 잘 알고 있는 거 맞을까? 테스트를 해 보겠다. 다음 중 해당하는 것을 골라 셋을 세면 외쳐보자."

Quiz1. "선생님은, 짜장면과 짬뽕 중 뭘 좋아할까? 외쳐보자. 하나 둘 셋! ○○라구? 맞았어. 이건 몸풀기 문제야~ 이제부턴 진짜 테스트다."

Quiz2. "선생님은 복도에서 뛰는 것과 화장실에서 오랫동안 수다 떠는 것 둘 다 싫어하는데, 어떤 행동을 더 싫어할까? 하나 둘 셋! ○○라구? 다 틀렸어. 선생님은 둘 다 싫어해!!"

#3 학부모 상담 완벽 커버 2

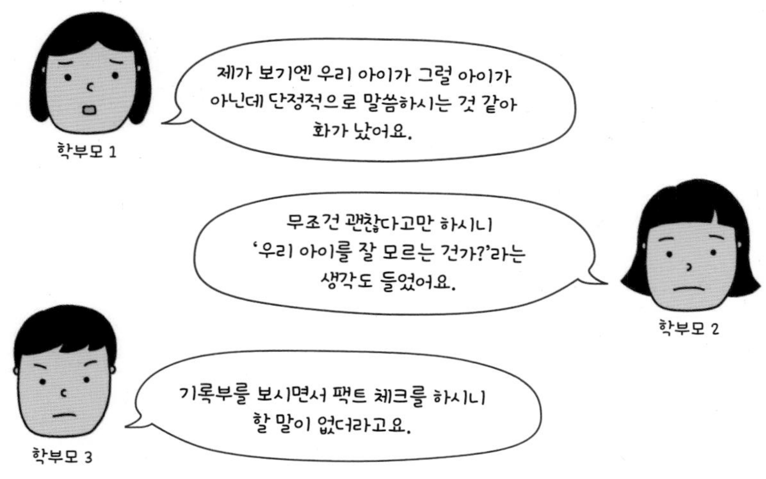

제가 보기엔 우리 아이가 그럴 아이가 아닌데 단정적으로 말씀하시는 것 같아 화가 났어요.
학부모 1
무조건 괜찮다고만 하시니 '우리 아이를 잘 모르는 건가?'라는 생각도 들었어요.
학부모 2
기록부를 보시면서 팩트 체크를 하시니 할 말이 없더라고요.
학부모 3

1학기는 아이의 정보를 얻는 상담이었다면
2학기는 아이의 학교생활 정보를 알려드려야 하는 상담이라
더 부담스럽다.
좋은 말은 흘려듣고, 불편한 말은 정말 불편하게 듣는 요즘이라
2학기 학부모 상담은 더욱 부담스럽다.

자료 있음

평상 시 업무가 바빠 아이들의 특이사항을 생각해두지 못 했다면, 상담 최소 일주일 전에 '관찰 노트'를 마련한다.

'관찰 노트'에는 다음과 같이 적은 후, 일주일 동안 좀 더 유심히 관찰한다. 그리고 특정 행동이 발견되면 해당 아이 페이지로 휘휘~ 넘겨 메모해 두면 좋다.

이름	
학습면	
생활면	
교우관계	
자기관리	
기타	

하나. 학습면 관찰하여 적기

참고 자료: 단원평가, 글쓰기 자료, 미술작품 등

관찰 내용: 배경지식, 논리력, 과제완성도, 과목별 점수추이, 실수가 잦은지, 맞춤법, 문장이해도, 문제해결력, 수리력 등

둘. 교우관계 포함 생활면 관찰하여 적기

참고 자료: 검사지, 설문지 등

관찰 내용: 배려, 갈등관리, 관계지향성, 나눔, 규칙준수, 타인존중 등 핵심덕목을 중심으로 사례 관찰

셋. 자기관리 능력 관찰하여 적기

참고 자료: 생활 습관 체크리스트 표, 스티커판, 각종 기록판 등
관찰 내용: 자신의 목표 세우기, 자기 이해(흥미, 적성, 특성), 자기 관리의 지속적인 실천, 자기통제 등

자료가 더 필요하다면 1학기에 사용했던 상담 자료 3종 세트를 다시 활용하자.

쉿, 나의 비밀 이야기! 자료 있음

학부모 상담 전 설문지
학부모 상담 예시 질문지
하나 더 보탠다면 교우관계도

무탈쌤의 학부모 상담일 엿보기

상담일 어떻게 준비하나요?

자연스러운 느낌의 세미 정장이 좋지 않을까요?

웃는 얼굴에 침 못 뱉는다. 무조건 미소 띤 얼굴이죠.

타이머. 상담자료, 상담내용 기록지를 준비해 둡니다. 아. 타이머를 사용할 때는 '다음 학부모님의 상담 준비로 인해 타이머를 사용하는 점 양해 부탁드립니다.'라고 양해를 구하죠.

학부모와 되도록이면 같은 눈높이의 자리에 앉으려고 해요.

교실 문 앞까지 배웅하며 인사를 하죠.

부적응 아이의 학부모 상담은 어떻게 하나요?

부적응 아이의 가정환경을 들여다보면 학부모도 삶에 지쳐있는 경우가 많다. 그러므로 가정의 잘못이라며 학부모의 책임을 앞세워 다그치지 말자. 사정을 듣고 이해해주며 충분히 공감하자.
그리고 어휘를 잘 선별한 후, 최대한 감정을 배제하면서 객관적인 사실을 바탕으로 좀 더 발전할 수 있는 방향을 제안한다.

선생님은 학부모의 반응을 관찰하며 적당한 상담 수위를 파악하는 센스를 갖추면 어떨까? 학부모는 선생님과 입장이 다른 법, 자녀가 잘 되라고 하는 말도 불편하게 들을 수 있다는 점을 명심해야겠다.

#4 팝송 노래집 자료 있음

We are the champions, my friends
And we'll keep on teaching 'til the end
We are the champions, We are the champions
Understanding for losers
'Cause we are the teachers of the world

글로벌 시대, 음악도 글로벌하게 골고루 섭취하자.
왠지 팝송 부르고 싶은 날, 영미문화권 갬성•을 느끼고 싶은 날에 적극 추천한다.

•갬성: '감성'의 B급 언어

교육적 목적이 없다는 게 아쉽다면?

'영어+국어+음악의 융합교육' 이라고 쓰고, 내 멋대로 불러보는 팝송.

팝송 제목 모음 자료 있음

1. Do Re Mi song
2. Lemon tree
3. Ben
4. Let it be
5. Try everything
6. L-O-V-E
7. You raise me up
8. Somewhere over the rainbow
9. I Will
10. All I want for christmas is you

'팝송 부르기', 교육 목적에 맞게 평가 점수도 부여한다면?

· 쓸데 있게 분위기 살았는가? - 상
· 50%이상 잘 따라 불렀는가? - 중
· 영어를 오히려 싫어하게 되었는가? - 하

#5 추석맞이 강강술래 자료 있음

햅쌀, 햇과일?
성묘, 차례?
그게 뭐예요?

긴 연휴를 맞아 외국으로 출발!
고향 방문도 당일치기로 하는 요즘,
추석 연휴가 학교 가지 않는 날쯤으로 인식되면 곤란하다.

"예로부터 추석에는 햅쌀로 떡을 만들고
햇과일에 마음을 담아 조상님께 차례를 드리고,
추수의 기쁨을 누리면서 강강술래를 했단다."

" 얘들아, 강강술래 할래?"

" 오예~ 파워피플!!!"

스텝 일. 책상을 모두 벽으로 딱 붙이고, 각 노래를 동작과 함께 연습해 보자.

오늘 준비한 노래는
강강술래 | 덕석몰기 | 대문놀이 | 남생아 놀아라 | 고사리 꺾자
구전된 노래다보니 교사용 파워포인트 자료에서 제시된 가사와 동영상 속 가사가 일치하지 않는 경우가 있다. 활동 모습만 간단히 익혀보자.

스텝 이. 칠판에 강강술래 순서를 적어놓고 신나게 뛰어보자.

오늘의 포인트는 대~충 흥얼흥얼거리며 신나게 뛰기!
저학년 동생들은 쉽게 '강강술래, 덕석몰기, 대문놀이, 남생아 놀아라''까지 활동해보고 중·고학년 언니오빠들은 수준 업그레이드하여 '고사리 꺾자'까지 도전하자.

음악 재생 순서는 아래처럼 엮어보았다.
강강술래(걷기) – 강강술래 - 덕석몰기 - 강강술래 – 대문놀이 – 강강술래
– 남생아 놀아라 - 강강술래 – 고사리 꺾자 - 강강술래

중간에 강강술래 음악이 나올 때는 이전 동작을 마무리하고,
다음 동작을 준비하면 된다.

스텝 삼. 강강술래를 한 소감에 대해 서로 이야기 하면서 마무리하자.

우리 조상님들도 이렇게 즐거운 강강술래를 하며 추수의 기쁨을 느꼈다는 점을 상기해 본다.

추석의 기쁨도 누리고, 우리 반 전체가 대동단결하는 짜릿함을 느끼게 하는 강강술래! 아이들은 함께 뛰는 것만으로도 충분히 신이 난다.

#6 추석 과제 보따리 자료 있음

과제를 안 내기에는 연휴가 너무 길고,

과제를 내기에는 꿀연휴에 아이들도 쉬어야 할 것 같고…

연휴에 과제를 주고도
환영받을 수 있는 활동,
뭐 없을까?

하나. 친척들께 장기자랑 보여드리기

노래하기, 댄스, 태권도, 마술, 내 그림 자랑하기 등 나의 특기 맘껏 뽐내기

➜ 장기자랑 후 친척들의 반응 실감나게 적기, 들었던 칭찬 기억하기, 당시 기분 적어보기, 인증샷 찍기

둘. 오늘은 나도 요리사

계란 깨기, 계란 휘젓기, 꼬치 꿰기 등 엄연한 명절음식 '보조 요리사'로 활동하기

➜ 활동 후 느낌 적기, 하는 방법 자세히 알아보기, 인증샷 찍기

셋. 명절 준비에 바쁘셨던 부모님께 봉사 활동하기

어깨 주물러드리기, 힘껏 안아드리면서 감사 인사 전하기, 집안일 세 가지 이상 하고 효자, 효녀 노릇 하기

➜ 부모님의 반응 적기, 내 기분 적어보기

넷. 새로 가 본 지역과 우리 지역의 같은 점, 다른 점 찾기

국내든 해외든 내가 간 지역과 늘 보는 우리 지역의 풍경, 사람, 음식, 날씨 등 같은 점과 다른 점 적어보기

➜ 사진 찍기, 비교표 만들어보기

다섯. 달님에게 소원 빌기

우리 가족 건강 기원은 필수! 아껴 두고 아껴 둔 나의 소원, 맘껏 달님께 빌기

→ 소원 내용 기록하기, 달과 인증샷 찍기 등

여섯. 나의 친척 조사하기

매년 뵙기는 하는데, 항상 새롭다! 이번 추석에는 어디에 사는지, 이름은 무엇인지, 나와의 관계는 어떻게 되는지 확실히 알아보기

→ 조사한 내용 적기, 함께 사진 찍기

일곱. 우리집 족보 알아보기

엄마, 아빠도 잘 모르시는 '본관이 어디냐, 무슨 파냐, 몇 대 손이냐' 등을 할아버지께 직접 여쭈어 확실히 알아두기

→ 조사한 내용 적기, 족보 관련 인물 조사 해보기

여덟. 내가 좋아하는 명절 음식 레시피 알아보기

내가 좋아하는 명절 음식 만드는 법을 유심히 지켜보기

→ 레시피 적어보기, 각 과정 사진으로 찍기

아홉. 성묘 가서 묘비 깨끗이 닦기

조상님을 생각하며 묘비를 깨끗이 닦아보기

→ 누구의 묘비였는지 알아보기, 묘비문 읽어보기, 느낌 적기

열. 추석 행사 참여하여 '본 일, 한 일, 느낀 일' 적기

추석 연휴에 열리는 여러 추석 행사 참여하고 신나게 즐기기

→ 본 일, 한 일, 느낀 일 적어보기, 인증샷 찍기

즐겁고 풍성한 추석 연휴 보내고
돌아올 땐 달덩이처럼
조금 더 통통해져서 오려나?

#7 연휴 뒤 수업하기

교사 생활 하다보면 모든 걸 내려놔야 하는 시간이 간혹 있는데,

· 비오는 월요일 1교시

· 체육시간 다음 시간

· 현장학습 다음 날

· 연휴 끝난 직후

애써 그 시간마저 열심히 챙기려다보면 일 년 관계를 망치게 될 수도 있다. 아이들에 대한 기대치를 낮추자.

이 때 필요한 무탈 전략은,

우선, 교실체조로 나른한 몸 깨우자! 

· 박지성 월드컵 응원체조

· 국민체육진흥공단-국민건강체조 III

· 체조송-걸스데이 민아

신나는 추석 이야기 게임으로 정신을 깨우자! 

"Pass The Ball 게임"
공을 주고 받다가 음악이 멈추면, 그 순간 공 가지고 있는 사람이 화면에 나온 질문에 답해보는 게임이다.

오늘의 암행어사를 정하는 것도 좋다.

하나. 오늘의 암행어사 임무를 알려준다.

> 아래 조건에 해당하는 친구를 찾아보세요!
>
> **조건:** 이렇게 힘든 날에, 짜증도 안 내고 싸우지도 않다니, 심지어 다른 사람을 도와주기까지 하다니~
>
> **할 일 :** 누가, 언제, 무엇을 했는지 잘 메모해두기.

둘. '암행어사' 표시를 한 쪽지를 넣어 반의 모든 학생이 돌아가며 한 명씩 뽑는다.(암행어사의 수는 학급인원수에 따라 조절 가능하다.)

셋. 암행어사로 뽑힌 아이는 하교 전까지 암행어사의 임무를 수행한다.

넷. 하교 전에 '암행어사 출두요!'를 외친다.

다섯. 암행어사는 해당하는 친구를 증거와 함께 발표한다. 암행어사가 찾은 아이에게는 뜨거운 칭찬과 박수 샤워를 보낸다.

암행어사는 연휴 뒤 즐거운 학교생활을 이어나가기 위한 유인책 중 하나이다. 암행어사로 뽑히지 않아도, 혹은 암행어사에게 뽑히지 않더라도 서운해 하지 않을 수 있도록 모든 아이들에게 칭찬을 듬뿍해주고, 꼭 웃으며 하교할 수 있도록 하는 것이 포인트이다.

진도 때문에 수업을 안 할 수 없다면?

아이들이 재미있어 할 활동요소를 최대한 넣어서 수업하자.

낙서? 교과서 삽화에 말 주머니를 넣어보자.

그림? 배운 내용을 간단한 만화로 그려보자.

퀴즈? 입만 가지고도 할 수 있는 이구동성 게임!

몸짓? 한 아이가 교과서 이야기를 읽을 때 나머지 아이들은 나오는 인물의 행동을 몸짓으로 표현해보자.
"문을 열고 들어가던 흥부는...", 다들 문을 열고 들어가는 행동을 취한다. 물론 대사는 더빙으로!

아! 수업하는 중에 소음이 너무 크게 발생해도,
아이들의 결과물이 좋지 않더라도
절대 노하거나 티내지 말자.
억지로 분위기 잡으면 공부는 하겠지만
하굣길 아이들 얼굴은 불만으로 가득할 것이다.

차라리
오늘은 맘 편히 지내고,
내일 활짝 웃으며 수업하면,
아이들도 힘내서 잘 따라오지 않을까?

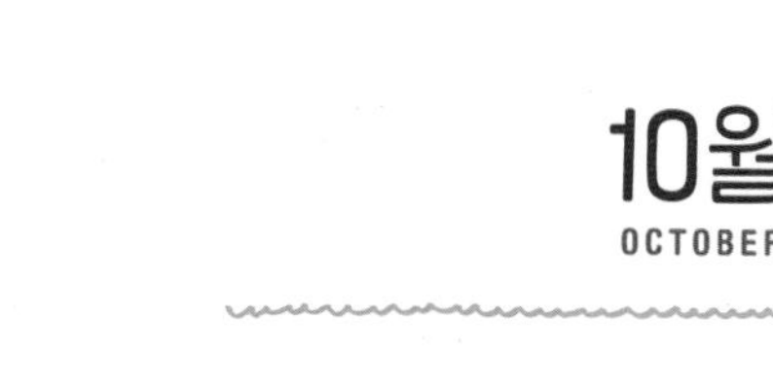

10월

OCTOBER

잘하고 있다고 알리는 달

왼손[1]이 하는 일을
오른손[2]이 반드시
알게 하라
-무탈교실-
1 왼손 : 선생님
2 오른손 : 학생, 학부모, 교장, 교감선생님, 이장님, 지역주민 등

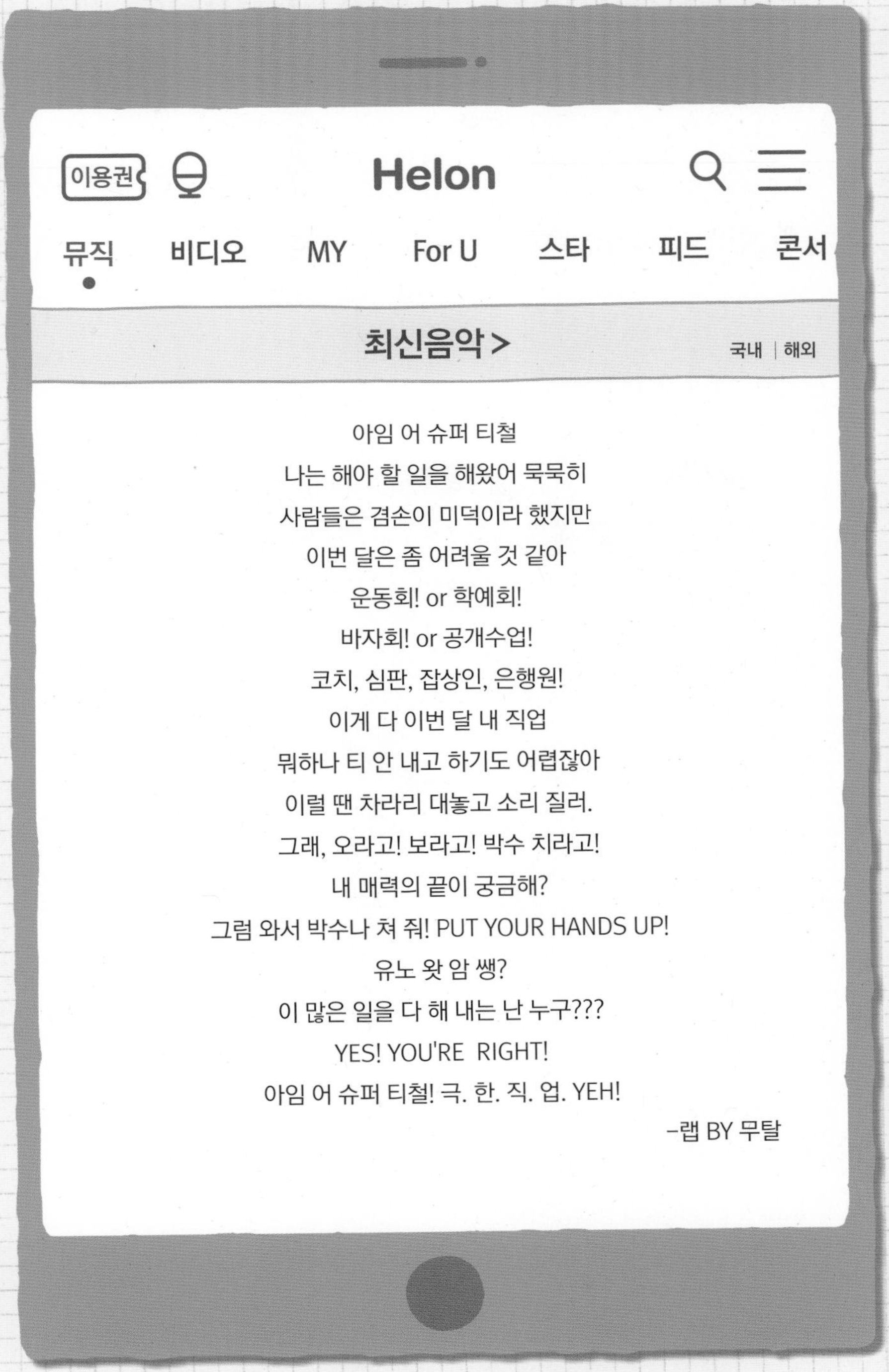

이용권

Helon

뮤직 비디오 MY For U 스타 피드 콘서

최신음악 >

국내 | 해외

아임 어 슈퍼 티철
나는 해야 할 일을 해왔어 묵묵히
사람들은 겸손이 미덕이라 했지만
이번 달은 좀 어려울 것 같아
운동회! or 학예회!
바자회! or 공개수업!
코치, 심판, 잡상인, 은행원!
이게 다 이번 달 내 직업
뭐하나 티 안 내고 하기도 어렵잖아
이럴 땐 차라리 대놓고 소리 질러.
그래, 오라고! 보라고! 박수 치라고!
내 매력의 끝이 궁금해?
그럼 와서 박수나 쳐 줘! PUT YOUR HANDS UP!
유노 왓 암 쌩?
이 많은 일을 다 해 내는 난 누구???
YES! YOU'RE RIGHT!
아임 어 슈퍼 티철! 극. 한. 직. 업. YEH!

–랩 BY 무탈

#1 운동회 A to Z

친구 괴롭히는 아이
(feat. 모래 뿌리기)

흙장난하는 아이

끊임없이 묻는 아이

사실 운동회 전체 프로그램 중 우리 반 아이들이 직접 참여하는 시간은 30분 정도 밖에 안 된다. 그러다보니 지루해하고 딴 짓하는 아이들이 생길 수밖에 없다.

운동회 날 나도 즐겁고 아이들도 즐거울 수 있는 방법,
뭐 없을까?

운동장 나가기 전에는

알려주자!

· 실제 경기하는 시간보다 대기하는 시간이 길다는 것

· 경기하는 맛만큼이나 보는 맛도 즐겁다는 것

· 경기별 점수는 ○○점이라는 것

· 우리는 ○○팀에 속했다는 것

· 프로그램 이름은 ○○을 의미한다는 것(가끔 제목으로 절대 추리 못하는 것들이 있다. 지구를 들어라? 어떻게 들지? 사실은 큰 공 굴리기, 지네발 경주? 지네가 출전하나? 사실은 4인 5각)

· 우리 프로그램은 ○○째 순서라는 것

준비하자!

크게 출력한 프로그램 순서표, 개인 물병 담을 수 있는 우유박스, 전자호루라기, 물티슈, 비닐봉지, 이름 적을 네임펜

응원으로 흥을 한껏 끌어 올리자!

· 분위기 고조할 신나는 노래 떼창하기

· 다른 학년 무용할 때 일어서서 따라해 보기

· 응원단장의 깃발에 따라 파도타기

· 3·3·7 박수, 계단박수 등 박수치기

안전도 챙기자

외부인이 많은 자리다보니 안전지도를 최우선으로 하자!

· 성희롱, 성추행 예방을 위해 화장실은 정해진 시간에, 아니면 두 명씩 짝지어 다녀오기

· 자리를 이탈할 때는 선생님께 알리고, 낯선 사람 경계하기

· 감염병 예방을 위해 수시로 손씻기, 흙장난 후 눈비비지 않기

· 아무리 강조해도 지나침이 없는 학교 폭력 예방하기

혹시 응원도 지쳐 심드렁해져 있다면?

옆 친구와 조용히 놀게 유도한다. 007빵, 침묵의 포테토칩, 끝말잇기 게임 등 소리 안 나고, 몸동작 크지 않은 간단한 놀이 시간을 갖게 한다.

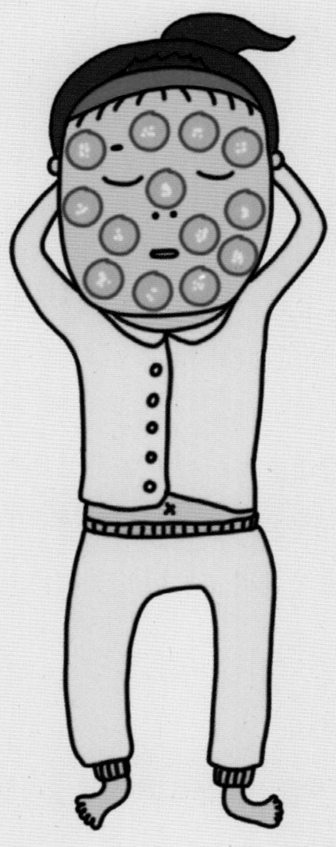

아~ 무탈하게 끝났다.

운동회!

#2 학예회 A to Z

너도 즐겁니? 나도 같이 즐겁자!

아이들이 가진 장기 그대로를 나누며 즐거워하기만 하면 되는 줄 알았던 나는 학.알.못*!!
소소한 준비 몇 가지에 학예회 모습이 달라졌다.

학급 전체 프로그램 준비하기

여는 무대와 닫는 무대는 학급 전체 프로그램으로 준비한다. 여는 무대는 리코더, 오카리나 등 잔잔한 악기 연주, 닫는 무대는 학부모들과 같이 부를 수 있는 노래 등으로 구성할 것을 추천한다.

준비 상태 중간 점검하기

발표 일주일 전에는 선생님이 팀별 단독 관람으로 점검한다. 2~3일 전에는 실제처럼 교실 앞에서 동선을 확인하며 리허설을 겸하여 점검한다.

* **학.알.못**: 학예회 알지 못 하는 교사

초대장은 직접 만들기

완벽한 상태로 인쇄하는 것도 좋지만 아이들이 직접 그림을 그릴 수 있도록 여백을 두거나, 제목과 장소, 시간 등을 적을 수 있게 빈 칸을 주는 것도 좋다.

가성비 높은 무대 연출 하기

교실 뒤쪽을 무대로 한다. 교실 앞쪽은 TV와 앞 게시판 등에 시선을 뺏길 수 있으므로 과감히 무대를 뒤쪽으로 배치한다. 이 때 뒷면 게시판은 아무 작품도 없이 제목만 붙여 깨끗하게 정리하면, 게시판꾸미기 부담도 줄고 시선집중도 되니 일석이조의 효과를 볼 수 있다.

혹시 배경을 원한다면? 현수막 제작하기

'학예회현수막' 만 검색해도 업체가 좌르륵 나온다. 비용이 들지만, 역할극이나 음악시간 악기연주 또는 내년에 재사용도 가능하니 하나 장만해두면 좋다. 여의치 않다면 전지로 인쇄, 또는 '학' '예' '발' '표' '회'라고 한 글자씩 인쇄하여 붙이는 방법도 있다.

쉽고 간단한 교실 꾸미기

색종이를 오려서 간단히 가랜드를 만들어 본다. 출입문에 붙여도 좋고, 무대 현수막 위에 붙이는 것도 좋다. 꽃 몇 송이를 만들어 교실 곳곳, 살짝 가리고 싶은 부분에 부착하는 것도 추천한다.
조금 여유가 있다면? 교실 천장에 헬륨가스를 넣은 풍선장식을 띄워보자. 아이들도 공연에 대한 부담감을 내려놓고 한결 화려해진 교실 분위기에 동화되어 기량을 맘껏 발휘하게 될 것이다.

PLUS TIP

학예회 준비하는 4가지 팁!

1. 입 퇴장과 인사방법 통일하세요. 이것만으로도 의식의 분위기가 엄청 깔끔해져요.
2. 학예회 식순을 크게 인쇄하여 붙여놓으세요. 자녀의 순서를 알기도 좋고, 아이들이 준비하기 편리합니다.
3. 학급티를 리폼하세요. 합동 공연할 때 복장 통일은 효과 만점! 부직포로 나비넥타이를 만들고, 시트지 등으로 무늬를 넣으면 무대의상 저리 가라죠.
4. 학생 요원을 활용하세요. 사회자, 컴퓨터 조작, 무대 조명까지 우리반 아이들이 직접 준비하고 조작한다면 아이들 주도의 멋진 학예회가 될 거예요.

#3 맞춤법을 알아보자 자료 있음

한글날이 되었다.

외계어를 생산하고 유튜버에게 언어를 배우는 요즘 아이들!

급식체도 많이 쓰고, 줄임말도 많이 쓰고,

처음엔 재미로 하나보다 했는데 맞춤법 오류인지도 모르고 있다.

그래서 한글날을 맞이하여 맞춤법 교육을 하기로 했다.

하나. 올바른 맞춤법을 익혀 본다.

둘. 한글 맞춤법 게임 파일을 무한반복 재생한다.

무조건반사로 정확한 단어를 고를 때까지!

이 정도로도 훌륭하다.

아이들의 맞춤법이 달라졌다.

세종대왕님 뵐 면목이 생겼다.

나라 사랑 생각보다 쉽네.

내친 김에 맞춤법 자료 2탄도 예정이오~

#4 가을 크래프트 자료 있음

가을이 왔구나.
떨어지는 색색깔 나뭇잎들, 나뭇가지들을
땅으로 그냥 돌려보내는 게 아쉽다.
온 몸 구석구석에 느껴지는 이 가을을
그대로 교실로 가져가 볼까나.

#5 말랑말랑 두뇌퀴즈 자료 있음

인기리에 방영중인 TV프로그램 '문제적 남자'
공부시간에는 절대 풀가동되지 않는 두뇌의 한계를 시험하기 위해,
문제적 남자 스타일의 두뇌퀴즈를 초등 버전으로 만들어 보았다.
한 문제 풀기도 만만치 않지만, 답을 보면 왠지 풀 수 있을 것 같아
자꾸 도전하게 되는 두뇌 퀴즈.
"중독 주의!"

무·탈·시·대
문제적무탈

현실감 극대화!

프로그램에서 하듯이 답을 아는 아이는 칠판에 나와 그려가며 설명한다.

백지장도 맞들면 낫다!

모둠별로 협동해서 문제 풀기도 추천한다.
설명 잘 한 모둠에게는 특급 칭찬과 박수, 그리고 환호를 보낸다.

밀당은 필수!

처음에는 문제 그대로 제시한다. 아이들의 두뇌가 터질랑말랑 할 때 힌트를 하나씩 투척한다.

#6 수업활력드링크, 수업 막간 게임 자료 있음

2학기 중반이 넘어가니

아이들 집중은 우하향, 나의 참을성도 우하향.

우리의 관계가 파국으로 치닫기 전에 수업활력드링크* 한 병

원샷(bottoms-up) 해야겠다.

* **수업활력드링크:** '수업막간게임'을 의미함

수업활력드링크 사용하기 좋은 타이밍!

- □ 하루의 마지막 수업
- □ 금요일 오후
- □ 점심 먹고 난 다음 수업
- □ 내용이 재미없을 때
- □ 아이들이 왜 배우는지 모르겠다는 표정일 때
- □ 어쩔 수 없이 설명 위주로 수업하고 있을 때
- □ 아이들이 피곤해하거나 전날 잠을 잘 못 잤을 때
- □ 교실이 너무 덥거나 추울 때
- □ 그 외 다른 이유로 필요해보일 때

「수업활력드링크」 수업 막간 게임 7

1. 눈치 게임

반 전체가 하는 눈치 게임! 목표 숫자는 참여하는 인원수이다. 한 명씩 무작위로 일어나 1부터 순서대로 숫자를 크게 외친다. 이때 아이 두 명 이상이 동시에 일어나면 처음부터 다시 시작하고, 그렇지 않으면 마지막 숫자를 외치는 사람이 벌칙을 받는다.

2. 분필(펜) 따라 박수치기

선생님이 분필을 던지면, 분필이 떠 있는 동안 아이들은 박수를 친다. 분필이 바닥에 닿거나 손으로 잡으면 박수를 멈춘다.

3. 빨간 코 게임

선생님이 '빨간 코'처럼 색깔과 신체 부위를 합쳐 부르면, 교실 내에서 빨간 색 물건을 찾아 코로 터치한다.
'분홍 발가락', '검은 팔꿈치', '파란 귀'처럼 부르면 된다.

4. 스포츠 갤러리

선생님이 말하는 특정 스포츠 동작을 아이들은 10초 동안 반복한다. '농구에서 점프슛 쏘기, 발레리나 같이 춤추기, 스키 타고 높은 산에서 내려가기' 등과 같이 말하면 된다.

5. 계단 박수

선생님이 '계단 5층까지 올라갑니다. 박수 시작!'이라고 외치면 일제히 한 번, 두 번…다섯 번까지 차례대로 손뼉수를 높여가며 박수를 친다. 중간에 '허이!'라는 추임새를 넣어주면 더욱 흥겹다.
'짝(허이), 짝짝(허이), 짝짝짝(허이), 짝짝짝짝(허이), 짝짝짝짝짝(허이)'처럼 박수를 치면 된다. 계단을 올라갔다 내려올 수도 있다.

6. 받침 넣고 빼고 노래 부르기

정해진 받침을 넣거나 빼고 노래를 부른다. 'ㅇ' 받침을 넣는다면 '항공종잉 땡땡 땡 엉성 몽잉장~' 이라며 모든 글자에 'ㅇ' 받침을 넣는다.

7. 실내화 쌓기

모둠원 전체의 실내화를 모아 주어진 시간 내에 실내화를 높이 쌓는 모둠이 이기는 놀이이다. 아무래도 찝찝하다면 지우개 또는 필통 쌓기를 추천한다.

무탈 막간 뉘우스~

수업막간게임을 진행했던
무탈교실에서는 바닥을 찍으려 했던
선생님과 아이들의 관계 지수가
극적으로 회복되어 빠른 상승세를
타고 있다고 합니다.
XXX

11월
NOVEMBER

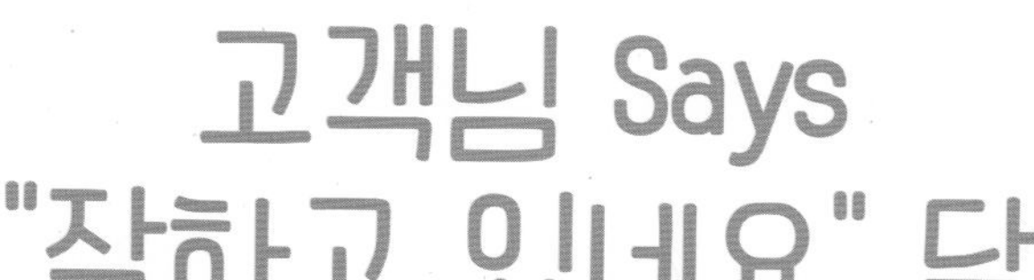
고객님 Says "잘하고 있네요" 달

하교 지도 때 우연히 들은 아이들의 대화…

우리 반 재미있지 않냐?
우리 반이 [질리•]지!!
우리 쌤 좋지 않냐?
우리 쌤이 [질리•]지!!

안타깝게도 두 단어의 발음이 같다는 사실… (쩝)

• 진리: [질리] 참된 이치. 우주의 근원적 원리.

• 질리다: [질리다] (사람이 반복되는 일에) 넌더리가 나다.

무탈쌤이 [질리]도록(?) 하는 일상

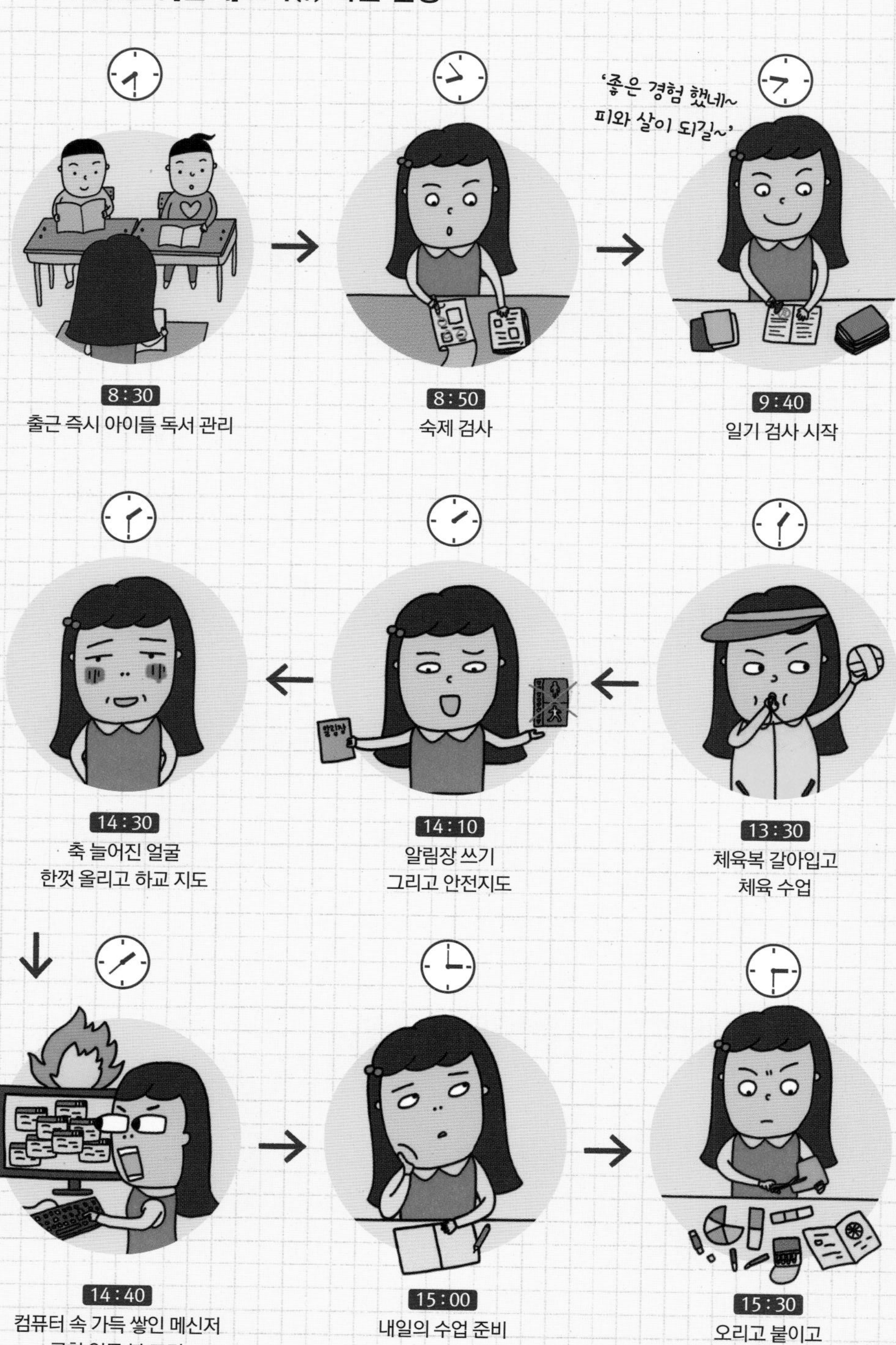
8:30
출근 즉시 아이들 독서 관리
8:50
숙제 검사
'좋은 경험 했네~
피와 살이 되길~'
9:40
일기 검사 시작
13:30
체육복 갈아입고
체육 수업
14:10
알림장 쓰기
그리고 안전지도
14:30
축 늘어진 얼굴
한껏 올리고 하교 지도
14:40
컴퓨터 속 가득 쌓인 메신저
급한 업무 불 끄기
15:00
내일의 수업 준비
15:30
오리고 붙이고
인쇄하고 자료제작

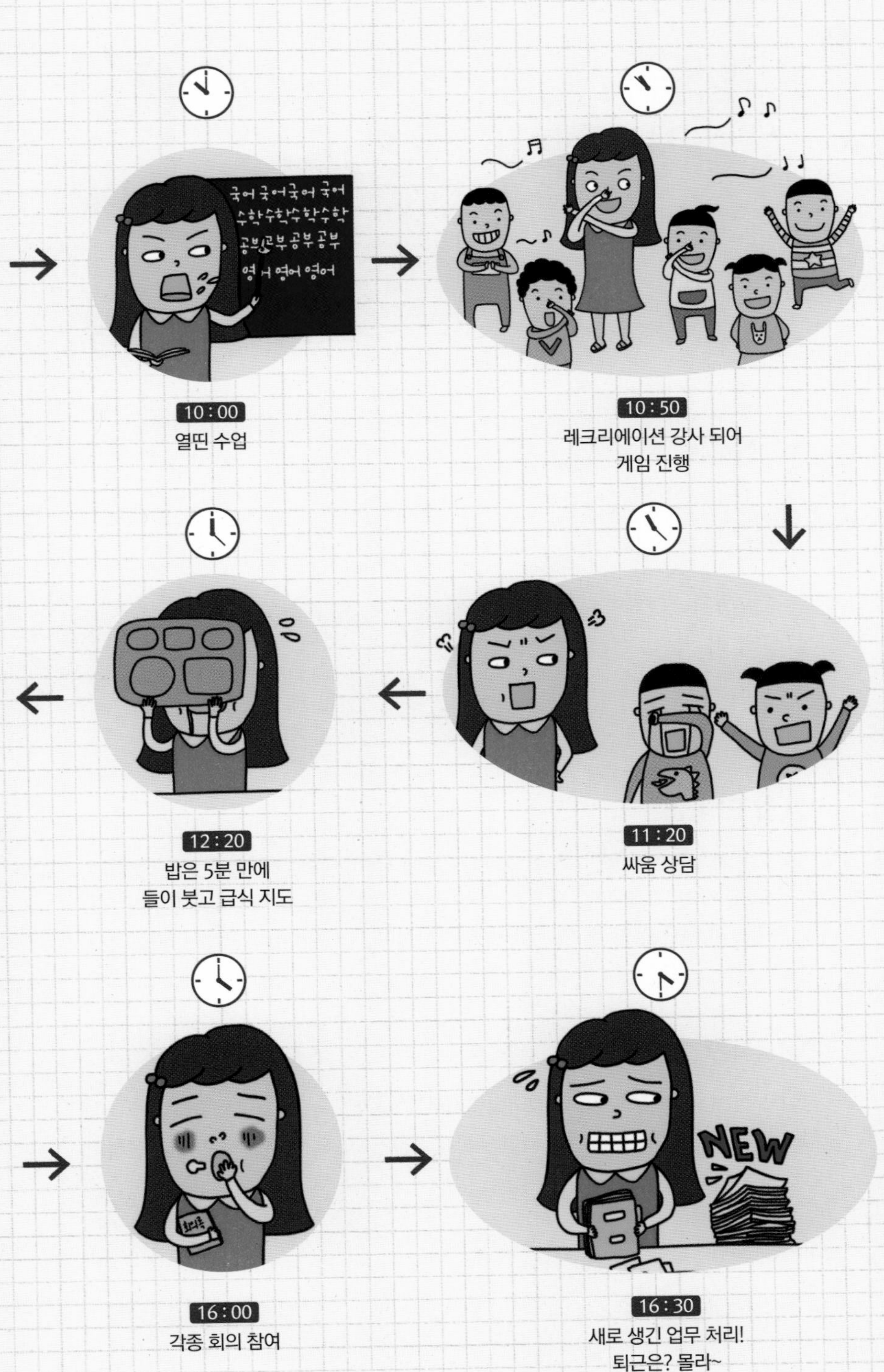
국어국어국어 국어
수학수학수학수학
공부공부공부공부
영어영어영어
10:00
열띤 수업
10:50
레크리에이션 강사 되어
게임 진행
11:20
싸움 상담
12:20
밥은 5분 만에
들이 붓고 급식 지도
16:00
각종 회의 참여
NEW
16:30
새로 생긴 업무 처리!
퇴근은? 몰라~

#1 엉덩이 힘을 길러드립니다. 엉힘프 자료 있음

요즘 아이들!

공부하는 시간은 길다지만,

의자에 앉아서 집중력 있게 뭔가에 몰두하는 건 힘들어 하기에,

스스로 학습 습관도 기를 겸

'엉덩이 힘 키우기 프로젝트'를 하기로 했다.

이름하여 '엉.힘.프'!

'엉.힘.프' 방법은?

엉힘프란 매일 60분 동안 책상 의자에 앉아 자신이 준비한 활동을 하는 것이다. 독서, 과제, 학원 과제, 퍼즐 맞추기, 수학 문제 해결, 그림 그리기, 악기 연습 등 60분 동안 지속적으로 할 수 있는 과제를 선택하면 된다. 운동이나 요리, 영화감상, 컴퓨터게임 등으로 60분을 채우는 것은 안 된다.

핵심 규칙은?

엉힘프 하는 중간에 의자에서 일어나면 다시 처음부터 60분을 시작해야 한다. 엉힘프는 주말과 공휴일에는 하지 않는다. 무조건 쉰다. 대신 주중에는 꼭 실천하여 습관이 되도록 한다.

엉힘프 전 준비할 일은?

미리 물을 마시고, 간식도 챙겨 먹고, 화장실도 다녀와야 한다.
또한 60분 동안 할 일을 책상에 차곡차곡 쌓아두어야 한다.
왜? 중간에 일어서면 처음부터 다시 해야 하니까.

잘 한 사람에게 보상은?

엉힘프 하는 동안 지루해하지 않고 몰입하는 강도가 높을수록 부모님이 별점수를 많이 줄 수 있다. 매월 말 부모님 별점수*를 많이 받은 아이, 점차 발전하고 있는 아이에게는 선생님은 물론, 부모님도 많은 칭찬을 해 준다.

선생님이 준비해야 할 일은?

아이들에게는 엉힘프의 장점을 설명하고, 방법에 대한 정확한 안내를 해 준다. 처음을 잘 해야 꾸준히 이어갈 수 있는 법! 학부모도 충분히 이해하고 공감할 수 있도록 안내하자. 그리고 엉힘프 기록장을 양면으로 인쇄한 후 책자 형태로 만들어서 나누어 주면 된다.

처음에는 아이들이 힘들어 할 것이다.
하지만 해야 하는 활동 또는 하고 싶은 활동을 계획하여 매일 60분씩 끈기 있게 하다보면 이후 만족도는 점차 높아질 것이다.
단, 학부모 만족도는 단번에 올라간다는 거~

공부는 역시 '엉덩이'로 하는 것이다.

*별점수: 별 1개~5개까지 몰입도에 따라 표시함.

#2 쁘띠바끄(Petit bac) 게임 자료 있음

국민 여동생, 국민 배우, 국민 간식…
정말 온 국민이 '애정하는 것'을 의미할 때 붙여주는 단어 '국민'!
프랑스에도 이런 국민 게임이 있었으니
바로 ' Petit bac(쁘띠바끄)' 게임이다.

장점을 꼽으라면, 대중성과 효율성을 모두 갖추고 있으며 단어 암기, 어휘력 상승 등에 도움을 주고, 이러한 특성 때문에 수업 중에도 적극 활용할 수 있다.

내용은 식물, 동물, 운동, 도서, 사자성어, 국가, 역사적 인물 등 총 7가지 주제로 게임을 진행한다.

그럼 '쁘띠바끄 게임'을 응용하여 모둠 협력게임을 진행하는 방법을 소개해 보겠다.

• **쁘띠바끄:** 2017년 7월 23일 〈tvn 문제적 남자〉 122회 영상 참조

쁘띠바꼬 게임

진행 방법

Step 1. 선생님은 'ㄱ'부터 'ㅎ'까지 자음 중 하나를 선택한다.

Step 2. 각 모둠은 선택된 자음으로 시작하는 단어를 주제에 맞게 하나씩 적어야 하는데, 정확히 7개를 빠른 시간 내에 모두 채워야 한다.

Step 3. 7개의 단어를 가장 먼저 적은 모둠이 '정답!' 이라고 외치면 다른 모둠은 더 이상 단어를 적을 수 없다.

Step 4. 정답을 외친 모둠은 자신들의 답을 하나씩 말한다. 단어 한 개 당 1점이며, 중복된 단어를 적은 모둠이 있을 경우에는 그 모둠도 1점씩 획득한다.

Step 5. 틀린 단어를 말하면 그 모둠이 지금까지 불렀던 단어는 모두 무효처리가 되고, 처음부터 단어를 다시 채워야 한다. 다른 모둠이 이전에 똑같은 단어를 적어서 얻은 점수는 그대로 인정된다.

Step 6. 7가지 단어를 올바르게 불렀을 때 게임은 끝나게 되고, 가장 높은 점수를 얻은 모둠이 이긴다. 게임을 여러 회 반복한 후 최종점수가 가장 높은 모둠이 이긴다.

주어진 주제가 다소 어렵다면, '도서'는 등장인물로, '사자성어'는 네 글자 단어로, '국가'는 도시 이름 등으로 아이들의 수준에 맞추어 충분히 변형이 가능하다. '문제적 남자'의 실제 게임 영상을 본다면 훨씬 이해가 빠를 것이다. 네이버 TV에서 '쁘띠바꼬•'라고 검색해 보자.

자음주제	식물	동물	운동	도서	사자성어	국가	역사적 인물
ㄴ	노루 궁뎅이	납자루떼	널뛰기	누가 내 치즈를 옮겼을까	남녀노소	나우루	~~노비~~ 땡

#3 포스트잇 만능 활용법

생활의 필수품인 포스트잇!

어느새 우리 수업시간에도 필수품이 되어버렸다.

'떼었다 붙였다' 할 수 있는 특징을 살려 쏠쏠한 활용법을 대방출한다.

쏠쏠한 포스트잇 활용법

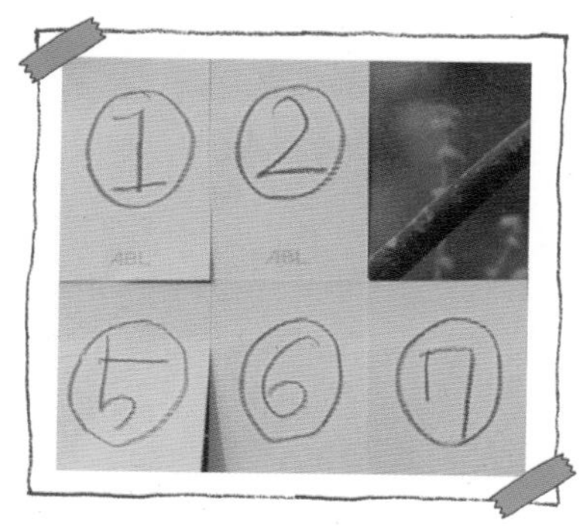

하나. 간단하게 동기유발!

학습주제 관련 사진 전체를 포스트잇으로 가리고, 한 장씩 떼어내며 무슨 그림인지 맞힌다.

둘. 간단하게 보드게임!

복습용으로도 활용만점이다. 학습한 후 아이 당 4~5개의 문제를 출제하고, 원하는 모양으로 붙여 보드게임을 시작하자. 골인까지 무조건 달려가도 좋고, 블루마블 게임도 좋고, 뱀사다리 게임*도 좋다. 포스트잇 문제를 요리조리 옮겨 게임 난이도 조절도 할 수 있다.

셋. 간단하게 벌칙주기!

포스트잇을 얼굴에 붙인 후 손을 대지 않고 얼굴 근육만을 움직여 먼저 다 떼어내면 된다. 우스꽝스러운 얼굴이 벌칙 포인트이다.
몸과 얼굴에다가 붙이고 모둠원들이 불어 떼어내는 모둠 벌칙도 재미있다.

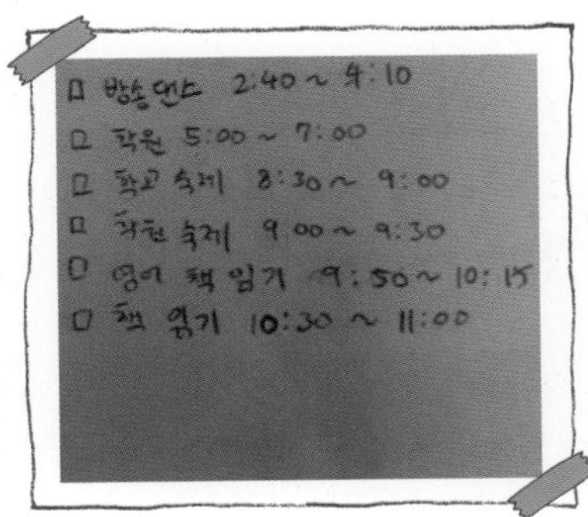

넷. 간단하게 습관 형성!

하교 후 해야 할 일을 체크박스와 함께 적는다. 계획한 일을 수행하였을 때 체크박스에 표시한다. 알림장에 다시 붙여서 다음 날 등교한 후 전체판에 붙이고 친구, 선생님과 함께 피드백을 한다. 습관 형성 초기 단계에 유용하다.

* 뱀사다리게임: 연필로 뱀과 사다리를 만들어, 연필 있는 곳에 도착하면 연필끝이 향하는 곳으로 떨어지거나 올라가서 결승점에 도달하는 게임.

포스트잇 활용의 버전 업 '포스트잇 인쇄하기'

손글씨 쓰기가 어렵거나, 똑같은 내용을 적은 포스트잇이 필요할 때는 인쇄하여 활용한다. 포스트잇 인쇄가 보물처럼 느껴질 것이다.

순서가 필요한 과제

국어지문 내용이 길거나, 이전에 읽은 내용을 기억하기 위한 용도! 주요 사건을 인쇄한 포스트잇을 나눠주고, 모둠끼리 의논하면서 순서를 맞춰보라고 한다. 과학 시간에 실험순서를 정하거나, 사회 시간에 역사연표를 만들 때도 활용 가능하다.

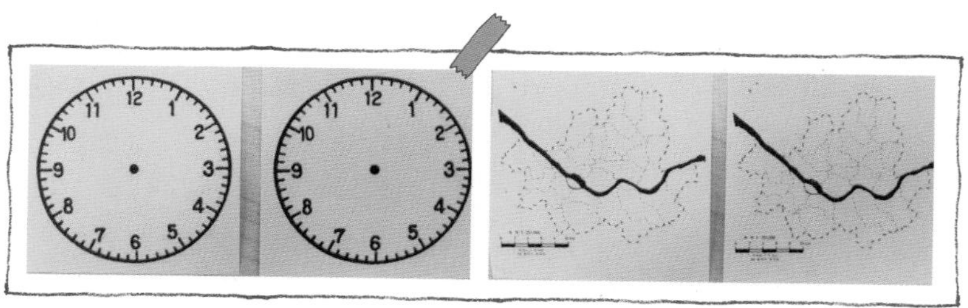

교과서 보조자료

시계공부, 지역공부할 때 시계 그리기, 지도 그리기에 시간 낭비하지 않도록 포스트잇에 인쇄해서 교과서, 공책에 붙여 편리하게 활용한다.

- 현장체험학습 안내문 -

1. 일시:2018년 6월15일 (금)
2. 장소:용산 전쟁기념관
3. 준비물:필기도구, 물, 간단한 간식
4. 안내사항

가. 8시50분까지 반드시 등교
나. 학급티 착용
다. 지하철 내에서 남에게 피해주지 않기
라. 친구에게 피해주는 행동 하지 않기
마. 해설사의 설명 잘 듣기

특별한 알림장

알림장 쓰는 시간이 부족하거나, 현장학습 준비물 등을 안내할 때도 포스트잇 인쇄를 활용한다. 현장학습 준비물이 적힌 포스트잇은 아이들이 포스트잇을 들고 다니며 스스로 준비물을 챙기기에 좋다.

출처: 핀터레스트

특별한 메모지

아이들에게 간단하게 메모를 적어 줘야할 때 포스트잇에 아이의 사진이나 예쁜 그림을 담아 인쇄한다. 어렵지 않게 특별한 느낌의 메모지를 만들 수 있다.

조만간에 3M에서는 선생님들의 포스트잇 활용 공로를 인정하여 포스트잇을 평생 무상으로 배포한다고 한다.

믿거나 말거나! ^^

#4 싸움 해결법

요즘 우리 반 아이들은
왜 이렇게 다툼이 많을까요?
학년 초 만들었던 규칙도, 반성문 쓰는 것도
도통 먹히질 않고, 이대로 끌고 가기에는
방학이 너무 멀고, 다시 챙기자니
어디서부터 시작해야 할지 막막하고.

독감주사를 맞아도 감기는 걸리듯이, 사전 예방을 철저히 해도 싸움은 일어난다.
'서로 다른 아이' 들이 만나 '자신을 격하게 사랑하여 지지 않고 자기 주장을 펴다보니' 잔싸움이 많이 일어난다.

"누가 누가 싸웠어요~"라고 하면 마인드 컨트롤부터 들어가 보자.
'그래, 별 일 아니다.', '아이들은 당연히 싸울 수 있는 거다.',
'아직 어려서 싸우는 것이다….'

무탈교실 잔싸움 해결 방법 1

'말 한 마디로 천 냥 빚을 갚는다'

싸움 과정을 유심히 관찰해 보면, 실수한 아이가 재빨리 사과하지 않을 때 문제가 발생된다. 쳤으면 쳤다고, 떨어뜨렸으면 떨어뜨렸다고 얼른 잘못을 인정하고 사과하면 아무 일도 아닌 것을
'내가 안 그랬는데.', '옆에 있는 ○○이 때문에 그랬는데.',
'너도 예전에 그랬잖아.', '(그냥 멀뚱멀뚱 쳐다보기)' 로 대응하다보니 싸움으로 발전된다.

방법

❶ 문제가 발생했을 때 잘못한 사람은 3초 이내로 '미안해', '괜찮아?'를 재빨리 말하며 사과한다.

❷ 이후 상황을 수습하기 위해 최선의 노력을 다 한다. 떨어뜨렸으면 주워 줘야할 것이고, 다쳤으면 걱정해 주고 보건실에 데려다주는 등의 정성을 보여줘야 할 것이다.

무탈교실 잔싸움 해결 방법 2

저학년 전용 방법「마음상자」

저학년 아이들은 별 일 아닌데도 상처를 쉽게 받는다.
'재가 째려봤어요~', '재가 제 물건 건드리면서 지나갔어요~' 등 정말

별 거 아닌 일에도 쪼르르 달려 나와 이르기가 바쁘다.

그렇지만 세상 억울하고 침울한 표정을 보면 해결을 안 해 줄 수도 없고. 이 녀석 저 녀석 불러 이야기하다 보면 진이 쭉 빠진다.

방법

1. 작은 상자를 준비하여 '내 마음을 읽어주세요.' 라는 제목을 붙인다.
2. 친구 때문에 기분이 안 좋을 때 이름과 함께 내용을 쪽지에 써서 종이 상자에 넣는다.
3. 하교 전 선생님은 상자를 열고, 쪽지 적은 아이에게 물어본다. '지금 기분은 어때? 선생님이 도와줄까?'
4. 아이들 중 반 정도는 괜찮아졌다고 할 것이다. 그럼 선생님은 남은 사건만 차분히 들어주고 해결해 준다.

집에 가기 직전에 선생님이 마음을 보듬어주었기 때문에 한결 가볍게 하교할 수 있을 것이다.

무탈교실 잔싸움 해결 방법 3

남학생 전용 방법「안전벨트」

남자 아이들은 보통 말싸움이 안 될 것 같으면 주먹부터 날아가곤 한다. 주먹이 날아간 이후에는 어떤 사과도 잘 먹히지 않고 큰 싸움이 되어버리는데, 이때는 '싸움'이 아니라 '폭력'이 되어버린다.

그래서 남자아이들에게는 다음 내용을 특별히 지도한다.

방법

❶ 큰 싸움이 일어날 것 같은 조짐이 보이는 경우, 즉, 주먹이 날아가기 일보 직전에 '안전벨트*' 라는 구호를 빨리 크게 외친다.

❷ 구호를 외치는 사람은 화가 난 사람, 화나게 만든 사람, 상황을 보고 있던 사람 등 아무나 외쳐도 된다. 무조건 크게 외치게 하자!

❸ 구호를 외치는 것만으로도 분위기가 환기되어 폭력으로 번지지 않는다.

PLUS TIP

잔싸움 해결의 마무리는?

· 사과의 말을 할 때는 '미안해.'보다는 '내가 ○○○해서 미안해.'라고 구체적으로 이야기하면 미안한 마음이 더욱 잘 전달된다.

· 싸움 중재의 끝은 악수하기, 안아주기, 서로 쳐다보며 웃기 등으로 마무리 짓는 것이 좋다.

· 선생님도 웃으며 '너희들 화해해서 기분 좋다.' 라고 한다면 아이들의 마음도 훨씬 가벼워진다.

아이들은 싸우면서 큰다는 말이 있다.

어쩌면 소소한 다툼은 자라는데 꼭 필요한 자양분일지도 모른다.

* **안전벨트**: 자동차가 급정거할 때 안전벨트가 운전자의 즉각적으로 몸을 잡아주듯이, 주먹이 나갈 만큼 '욱' 할 때 행동을 제어해 주는 구호

#5 배신감을 대하는 무탈쌤의 자세•

어젯밤, 친구는 무탈쌤에게 전화를 했다.

세상에… 어떻게 그럴 수가 있니. 나 이번 해에 그 어느 때보다도 아이들에게 최선을 다했어. 재미있는 수업 준비는 물론이고 생일파티, 이벤트, 간식까지 사주며 애들이 좋아하는 일이라면 다 해줬는데, 교개평 결과를 보니 신감에 눈물이 다 나더라고.
난 스스로 꽤 훌륭하다고 생각했는데, 최선이 최고라고 생각했는데, 그러면 인정받을 줄 알았는데….
내가 교사로서의 자질이 부족한가봐. 교직이 천직이라 믿었는데, 아니었나봐.

• 『선생님도 아프다』(양곤성, 2017, 팜파스)를 재구성하여..

아이들에게 배신감을 느끼고 있구나. 배신감을 느낀다는 것은 그만큼 아이들에게 최선을 다했다는 거야. 지금은 고통스럽겠지만 한편으로는 네가 참 자랑스럽단다. 그러나 자괴감까지 든다면, 또는 그런 생각이 드는 경우가 많다면 좀 생각을 해봐야 할 것 같아.

인간은 누구나 타인에게 '나에게 잘해 줄 거야. 날 좋아할 거야.'와 같은 기대를 갖고 있어. 그러나 때로는 이 기대나 요구가 마음속에서 비정상적으로 커질 때가 있지. 내가 타인에게 잘 해 주었을 때는 더더욱 이런 마음이 들지. 이때 상대방의 행동이 내 기대에 충족되지 못하면 배신감에 괴로워해. 이럴 때 혹시 내가 비합리적 신념을 가지고 있지는 않은지 들여다봐야 할 것 같아.
'나는 반드시 탁월하게 일을 수행해야 한다.'
'다른 사람들로부터 인정과 칭찬을 받아야 한다.', '세상은 항상 정의롭고 공정하다.'라는 신념은 비합리적일 수 있어. 나도 마찬가지로 '나는 훌륭한 선생님이어야만 하고, 사랑 받는 선생님이어야 한다.'는 생각을 했었어. 그리고 '내가 노력한 만큼 아이들도 나를 좋아할 것이고, 노력한 만큼 변할 것'이라는 비합리적 신념을 가지고 있었어.

그게 왜 비합리적 신념이야? 당연한 이야기 아니야? 교사라면 그 정도의 생각은 가지고 있지 않나?

자신, 타인, 세상에 대해 '꼭 그래야만 한다.'라는 절대적이고 당위적인 형태의 요구사항은 실현이 거의 불가능하잖아? 그러니 필연적으로 실망과 좌절도 생길 거야. 그래서 생긴 부정적인 감정과 배신감 때문에 아이들에게 화를 내 버리면, 아이들은 내 마음을 이해해 주기보다는 더 멀어져 버려서 오히려 화낸 것을 후회할지도 몰라. 그치?

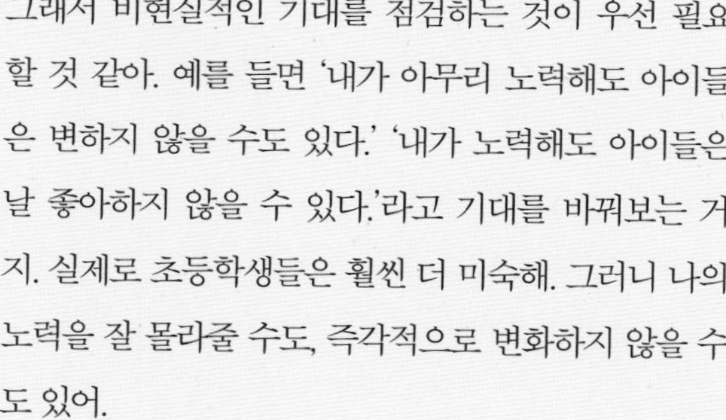

그래서 비현실적인 기대를 점검하는 것이 우선 필요할 것 같아. 예를 들면 '내가 아무리 노력해도 아이들은 변하지 않을 수도 있다.' '내가 노력해도 아이들은 날 좋아하지 않을 수 있다.'라고 기대를 바꿔보는 거지. 실제로 초등학생들은 훨씬 더 미숙해. 그러니 나의 노력을 잘 몰라줄 수도, 즉각적으로 변화하지 않을 수도 있어.

그리고 요즘 아이들의 상황을 봐. 너뿐만 아니라 요즘 선생님들은 아이들의 마음을 사로잡기 위해서 다방면으로 노력을 하고 계셔. 네가 아이들에게는 특별한 존재가 아니었을 수도 있어. 심지어 학원에서조차 사탕, 선물들을 받기 때문에 네가 소중히 주는 무엇이 아이들에게는 소중한 무엇이 아니었는지도 몰라.

친구

그럼 이제부터는 아예 처음부터 아이들에 대한 기대를 접고, 해 봤자 소용없으니 아무것도 하지 말아야 하는 거야?

무탈쌤

아니. 그런 얘기가 아니야. 무엇이든 기대 없이 주면 돼. 기대 않고 준다는 건 바라지 않고 주는 것이기 때문에 애초부터 배신은 없지. 그리고 차라리 아이들을 바꾸겠다는, 현실을 바로 잡겠다는 열정적이고 호된 가르침보다는 '그럼에도 불구하고 너희들을 있는 그대로 사랑해주겠다.'는 너그러운 미소와 마음을 베푸는 건 어떨까?

너와 내가 겪는 혹은 겪었던 배신감의 근원은 아이들이 아니라 우리 자신일지도 몰라. 게다가 우리는 아이의 행동을 완벽히 제어할 수는 없어. 아이들에 대해 기대를 낮추고, 기대 없이 주면서 '그럼에도 불구하고 있는 그대로의 아이들을 사랑하겠다는 마음가짐'이면 수없이 많은 배신의 아픔을 조금은 쉽게 다스릴 수 있을 거야.

#6 무탈쌤과 의자 스트레칭- 기승전 체력

지금부터 방학까지 가장 필요한 건? 바로 체력!
수업하는 틈틈이, 성적 입력하는 틈틈이 스트레칭을 해보자.
온몸 구석구석 전달되는 산소가 두뇌 운동을 활발히 해서, 학년 말 마무리를 가뿐하게 끝내는 초인적인 능력을 발휘하게 해 줄 것이다.

스트레칭 전 준비자세

- 한 시간에 한번씩, 알람이 울리도록 설정하기!
- 과감하게 컴퓨터 모니터 끄기!
- 시원한 물 한 잔 준비해놓기!

스트레칭 기대효과

- 성적하느라 쑤욱 빠져 나왔던 거북목이 쏙 들어간다.
- 잔뜩 화났던 승모근, 어느 틈에 야들야들해진다.
- 늘어지고 느슨해진 근육의 본 모습이 복원된다.
- 원활한 혈액순환으로 허벅지의 셀룰라이트와도 이별한다.

그럼 지금부터 의자 스트레칭 시작!

의자 스트레칭

하나. 두 손을 깍지 낀 채 머리 위, 좌, 우로 뻗기

숨 들이마시기 8초, 내쉬기 8초, 다시 숨 들이마시기 순서로 진행한다.

둘. 양손의 손바닥을 반대방향으로 짚은 후 가슴 내밀기

어깨는 저절로 뒤쪽으로 스트레칭이 된다.

셋. 양손 깍지 껴서 등을 둥글게 말은 후 앞으로 밀어내기

이 때 머리를 두 팔 안쪽으로 넣어주려고 하면 효과가 더 좋다.

넷. 양손 깍지를 낀 후 머리 뒤에 받쳐서 스트레칭 하기

가슴은 내미는 기분으로, 양팔은 등 뒤쪽으로 미는 기분으로 스트레칭 한다.

다섯. 목을 최대한 둥글고 멀리 회전하며 돌리기

머리를 돌릴 때 어깨를 지그시 누른다는 기분으로 한다.

여섯. 양손을 번갈아 가면서 스트레칭 하기

이 때 스트레칭 하는 손의 반대 방향으로 고개를 돌려준다.

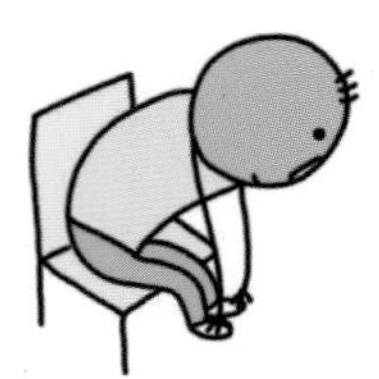

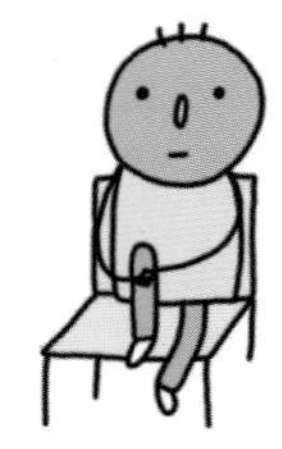

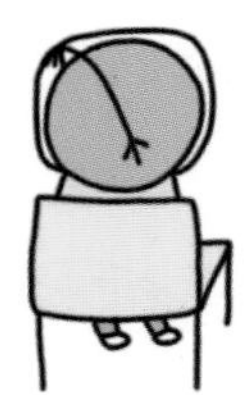

일곱. 두 손을 곧게 펴서 발끝 터치하기

무릎과 배가 닿지 않도록 몸을 둥글게 말아준다.

여덟. 다리를 당겨 가슴으로 들어올리기

한 쪽 다리씩 실시하며 허리를 곧게 펴고 다리와 가슴이 만나도록 당겨준다.

아홉. 팔꿈치를 접어 반대방향으로 당겨주기

두 팔을 뒤로 하고 등을 반듯하게 펴서 동작을 취한다.

열. 한쪽다리를 접은 상태에서 상체의 힘으로 누르기

대퇴부 양쪽에 똑같이 가해지는 압력을 즐기면서 약 15초간 유지한다.

열하나. 의자에 앉아서 두 다리를 모아서 들어올리기

오래 버틸수록 다이어트에도 도움이 된다.

열둘. 선 자세에서 다리를 엉덩이쪽으로 잡아 당기기

허벅지 앞쪽으로 힘을 줘서 당기는 느낌을 약 15초간 유지한다.

열셋. 의자를 양손으로 짚고 다리를 뒤로 밀어주기

숨 들이마시기 8초 후 내쉬면서 뒤로 쭈욱 밀어 준다.

아~~~
시원하다

DECEMBER

잘 해야 할 것만 많은 달

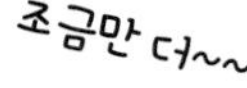

…

퇴근길

몰려온다… 몰려온다… 몰려온다…

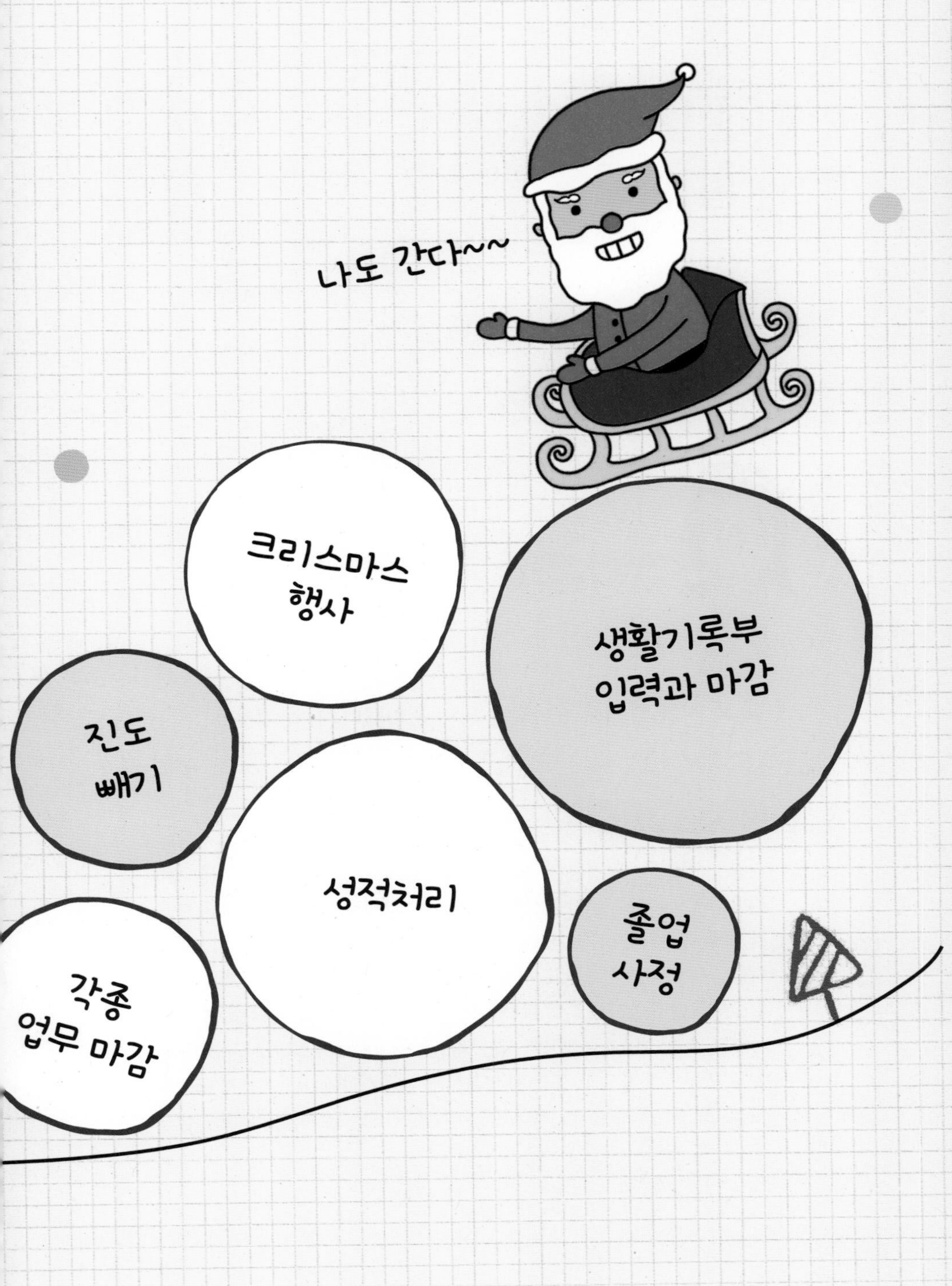
나도 간다~~
크리스마스
행사
생활기록부
입력과 마감
진도
빼기
성적처리
졸업
사정
각종
업무 마감

#1 행발쫑알이 빨리, 잘 쓰고 싶다! 자료 있음

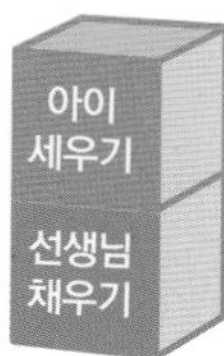

~ ♪
내가 나를 모르는데,
난들 너를 알겠느냐♪

그래서 아이들을 위해 준비했다. 자기 평가표!

자기평가의 장점

김흥주(2004)는 자기평가 과정에서 학습자를 교사 중심의 평가에 참여시킴으로써 학습자 자신이 자신의 능력을 현실적으로 파악하게 하는데 도움을 줄 수 있다고 한다. 또한 학습과정에서 주인의식을 높여 그들이 학습통제력을 높이고 학습 진보 정도를 확인시켜주는 장점을 가지고 있다고 하였다. 이러한 장점 중에서도 특히 교사의 입장에서 아이들의 자기평가를 통해 교사가 알 수 없었던 수행과정에 대한 맥락을 보다 자세히 그리고 구체적으로 알 수 있는 장점이 있다. 또한 자기 자신의 수행 결과에 대해 스스로 공정하게 그리고 객관적으로 개입하여 판단하기를 요구하므로 학습자의 독립성과

> 성숙된 주도성을 길러줄 수 있다. 자기반성의 기회를 통해 자신에 대한 보다 성숙된 통찰 의식도 배양할 수 있는 기회를 가질 수 있어서 매우 의미 있다. 이러한 자기평가는 주인의식을 갖고 학습에 참여하여 스스로 지식을 의미 있게 구성해가는 구성주의 학습관에도 부합하는 평가방법이라 할 수 있다. (남형채, 류성림, 2000:57)•

무탈교실에서는 자기 평가표를 학습면과 인성면으로 나누어 만들어 보았다.

이 평가표에는 숨겨진 의도가 있었으니…

바로, 문항을 핵심덕목별로, 학습요소별로 간추려 놓았기 때문에 '선생님용 자료 해석 버전'과 함께 본다면 아이들의 능력을 파악하는 데에 훨씬 도움이 될 것이다.

성적 입력하지도
않았는데 다 쓴 듯한
이 기분은 뭐지?

무탈쌤이 작성한 자기평가표 예시

존철살인의 화법을 구사하나, 듣는 이에 따라 실없이 들을 수 있음. 폭탄성 민원을 매번 받아도 꿋꿋이 버틸 수 있는 양호한 멘탈을 지니고 있으며, 열정적이기도 하나 체력이 급 소진되는 아쉬움이 있음.

• 『초등학생의 자기평가가 메타인지와 학업성취도에 미치는 효과』(류혜영, 2007. p.17).

#2 교실아, 너도 메리크리스마스

어머나! 크리스마스가 코앞이네~
축복 가득한 교실을 만들기 위해 크리스마스 환경 꾸미기 자료 좀 찾아볼까?

초록 고깔을
도르르 말아 붙인
입체감이 살아 있는 트리,
아이들 손바닥을 대고 그린 뒤 오려
전나무 결이 그대로 살린 크리스마스 트리,
MERRY CHRISTMAS HAPPY NEW YEAR
한 글자씩 오려 만든 트리트리, 모자로 멋을 낸
눈사람, 부직포에 모양을 내고 오려낸 산타양말 가랜드,
눈 꽃송이 오리기와 접기를 믹스매치한 눈꽃송이 가랜드,
손바닥모양으로 연결한 앙증맞은 리스, 반복하여 조각 붙이기와
리본모양 다듬기로 완성한 종이접시 리스, 그리고 조금 접어서
오렸을 뿐인데 펼치면 눈이 휘둥그레지는 오너먼트들,
끈으로
리본으로
연결하여
창문에
천장에
나뭇가지에
대롱대롱 매달아주자.

We wish your merry Christmas ♬
We wish your merry Christmas ♬
We wish your merry Christmas ♬
and a happy vacation~! ♬

12월 초부터 교실에 크리스마스 요정이 찾아온 듯한 느낌이 들 것이다. 아니, 우리 아이들이 요정처럼 귀엽게 눈망울을 굴리며 행복해 할 것이다.

겨울이 교실 안에서 따뜻하게 익어갈 무렵,
산타의 선물처럼 방학이 올 것이다.

#3 모둠 협력 놀이

방학을 앞두고 2학기 마무리도 하고 싶고,
좋은 추억도 만들어 주고 싶고,
한 아이 한 아이 눈 맞추며 내 마음 전하고 싶은데
나이스, 통지표, 각종 마감, 교실 정리 때문에
내 마음이 조급해지기만 한다.

선생님 역할은 '최소화' 하고
아이들의 재미는 '극대화' 할만한,
별 설명 없이도 최소 2시간은 보낼 수 있는 모둠 놀이들을 모아보았다.

[고학년 추천] 골드버그 장치 미션

쇠구슬이 복잡한 길을 따라 굴러가면서 여러 과정을 거치다가 결국 마지막에는 불을 끄는 동영상을 본 적이 있을 것이다. '불 하나 끄려고 이 어려운 길을 만든거야?' 라는 허무한 생각도 든다.

골드버그 장치* 는 책, 자, 연필, 필통, 우유갑 등은 기본, 집에 있는 구슬, 페트병, 장난감자동차, 도미노, 실, 종이컵, 나무젓가락, 빨대 등의 재료들을 적당히 자르고 이어서 미션 수행 단계를 만든다. 아무리 재료가 좋아도, 아무리 단계가 많아도, 마지막 미션을 성공하지 못 하면 헛고생! 흔히 줄 수 있는 마지막 미션은 종 울리기, 풍선 터뜨리기, 불끄기 등이 있다. 골드버그 장치를 만들어보면 한 과정 한 과정 통과하는 쾌감이 있어 어려운 과제임에도 불구하고 아이들의 몰입력은 끝내준다.

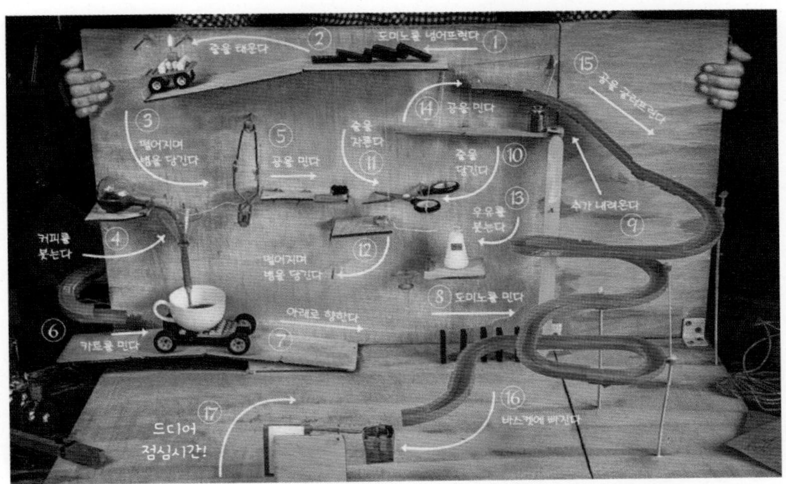

<골드버그 장치 예시>

*골드버그 장치: 생김새나 작동원리는 아주 복잡하고 거창한데 하는 일은 아주 단순한 기계를 '골드버그 장치'라 부름.

[중학년 추천] A4용지로 탑 쌓기 미션

각 모둠마다 A4용지 3장씩 준다. 주어진 시간 동안 A4용지를 자르고 풀과 테이프로 붙여 가장 높이 쌓으면 된다. 단, 쓰러지면 남은 부분의 높이를 잰다. 하는 도중 다시 시작하고 싶다고 하면 이전 종이는 깔끔하게 펼쳐 폐품함에 넣고 3장을 다시 받아서 처음부터 쌓아야 한다. 선생님이 줄자를 사용해서 심각하게 재는 모습을 보여주기만 해도 아이들은 좋아한다.

[저학년 추천] 도미노 미션

함께 쌓아서 더 재미있는 도미노 미션. 예술성과 창의성이 보이지 않는다면, 유튜브에서 참고영상을 보여주자. 얼마나 화려한지, 얼마나 오랜 시간 동안 도미노가 쓰러지게 하는지가 미션 성공의 관건!!이 아니라 중간에 쓰러지는 도미노 때문에 우정 금가는 일이 없도록 사전 지도하는 게 요령이다. 자기의 영역을 먼저 쌓은 후 잇는 것은 나중에 하도록 지도한다. 그리고 무슨 일이 생겨도 '괜찮아~'라고 이야기 할 수 있는 인성 만들기가 우선이다.

[전 학년 추천] 협동화 만들기 미션! 

우리 반 단체 사진으로 협동화를 만들어보자.
우리 반 단체 사진을 준비한 후 Posteriza 프로그램으로 아이 수만큼 또는 그 이상으로 분할 인쇄를 한다. 조각 그림들을 순서 없이 나눠준 후 깔끔하게 색칠하도록 한다. 우선 검은색 펜으로 테두리를 따라 그린 다음 빈틈없이 색칠하면 된다. 그 후 머리를 맞대고 조각그림을 조합하여 테이프로 연결하여 칠판에 붙인다. 이 모든 것을 아이들 스스로, 싸움 없이, 협력하여, 주어진 시간 안에 완료하는 게 미션이다.

[전 학년 추천] 공기놀이 대회

아이들의 수준차를 고려하여 공기놀이 대회를 계획해보자. 우선 모둠에서 공기대회를 한 후 1~4등까지 등수를 정한다. 그리고 본격 대회를 개최한다. 각 모둠의 1등은 1등끼리, 2등은 2등끼리 즉, 같은 등수끼리 모여서 대결하면 된다.

"모둠의 명예를 걸고 대결하거라! 대신 너와 대결하고 있는 친구도 우리 반 내 친구라는 것을 잊지 말길~"

PLUS TIP

놀이 점검 사항

모둠 협력 놀이를 하다보면 다툴 일이 많아지고, 실패에 실패를 거듭하기 때문에 포기하고 싶은 마음도 굴뚝같을 것이다.
다음을 점검하여 협력과 우정이 가장 중요함을 상기시키자.

- '자꾸 실패하는 건 너 때문이야.' 라고 말하는 친구가 분명히 있다. 한 대 때리고 싶은 생각이 들 때는 어떻게 하면 좋을까?
- 모둠원이 모두 같이 꼭 지킬 규칙을 만들고 시작하도록 하자.
- 칭찬이처럼 모둠 내에 평화맨을 두어 모둠의 평화를 위한 말과 행동을 하는 것도 추천한다.

#4 겨울철 안전 생활 자료 있음

눈이 오는 겨울은 신나는 계절이기도 하지만, 위험한 계절이기도 하다. 겨울이 깊어지기 전에 유익한 안전 지도 시간을 갖자.

겨울 안전 지도

핫팩을 배에서
떼어냈는데 화상을 입었네...
아이쿠!
주차장에서
썰매 타다가
차오는 거 보고...
아이쿠!
장갑 없이 놀다가
동상 걸린 손 때문에...
아이쿠!
손 주머니에 넣고
가다가 미끄러져서...
아이쿠!
눈덩이를 던졌는데
친구 눈에 맞아서...
아이쿠!

#5 내 꿈을 찾아 떠나는 겨울방학 책

여름에는 하고 싶은 활동을 신나게 하면서 방학책을 채워보았다.

겨울에는 진로탐색의 기회를 줘 볼까?

그리고 그 과정을 책으로 엮어보도록 해 볼까?

이번에는 내 꿈을 찾아
떠나는 여행입니다.

내 꿈을 찾아 떠나는 겨울방학 책 만들기!

❶ 4절 도화지로 미니북을 만들자.

❷ '○○이의 내 꿈을 찾아 떠나는 여행', '○○이의 두근두근 내꿈책' 과 같은 제목을 지어 표지를 꾸며보자.

❸ 이해를 돕기 위해, 활동예시쪽지를 나눠주자. '내 꿈을 찾아서 떠나는 겨울방학 책'에 붙여 참고해도 좋고, 그냥 읽어 보기만 해도 좋다.

활동 예시 쪽지

'만약 진로 희망이 요리사라면'

☐ 관심 있는 레시피 적어보기

☐ 그 음식 잘하는 식당가서 먹어보기

☐ 해외 유명 요리 알아보기

☐ 내가 좋아하는 요리 베스트 3 적어보기

❹ 이야기의 시작을 적자. 어떤 스토리로 시작해볼까?
예) '나의 꿈은 ○○이다. 내가 이 꿈을 가지게 된 이유는 ~이기 때문이다. 이번 겨울방학은 ~을 하면서 내 꿈에 한 발짝 더 다가가기로 했다.

❺ 비어있는 쪽은 방학동안 진로와 관련된 활동을 한 후 채워나가면 된다.

❻ 마지막 쪽에는 미래 꿈을 이룬 모습을 상상하여 쓰며 이야기를 마무리한다.

❼ 개학날 가지고 와서 친구들과 함께 본다.

6면: 마지막이야기 쓰기
2~5면: 경험이야기 쓰기
1면: 시작스토리 쓰기
두근두근 내꿈책
김OO
이래봬도
두 번째 책 출간 저자
유탈이의 두근두근 내꿈책

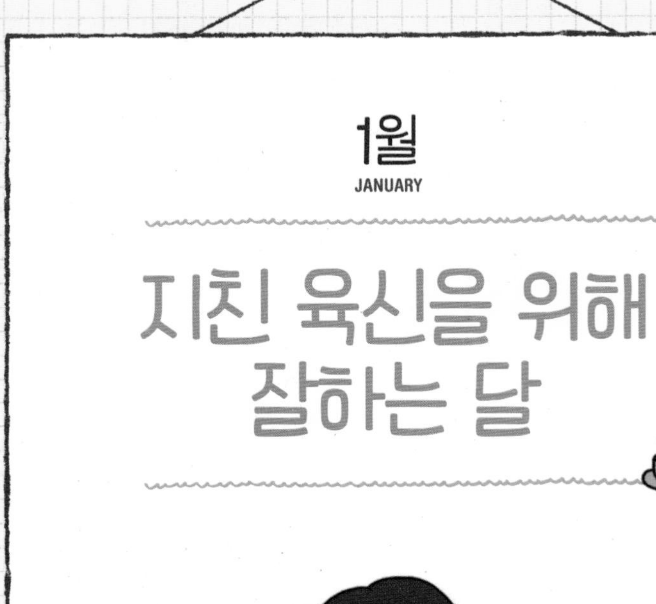

1월

JANUARY

지친 육신을 위해 잘하는 달

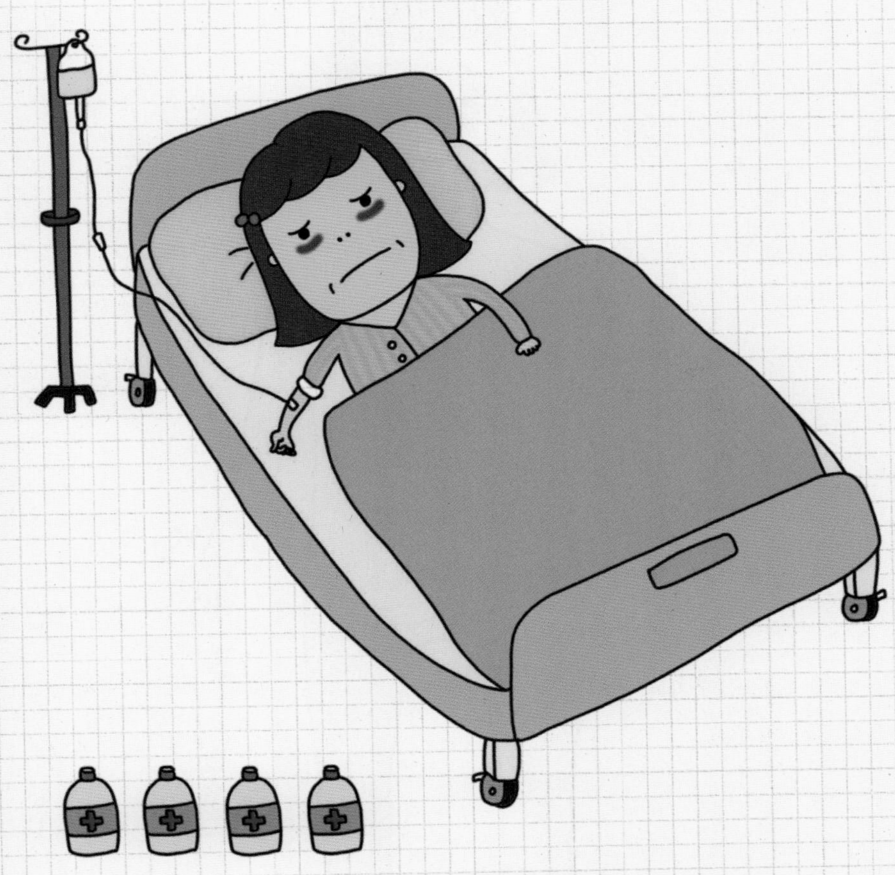

교사에겐 두 부류 병이 있습니다.

1. 몸의 병

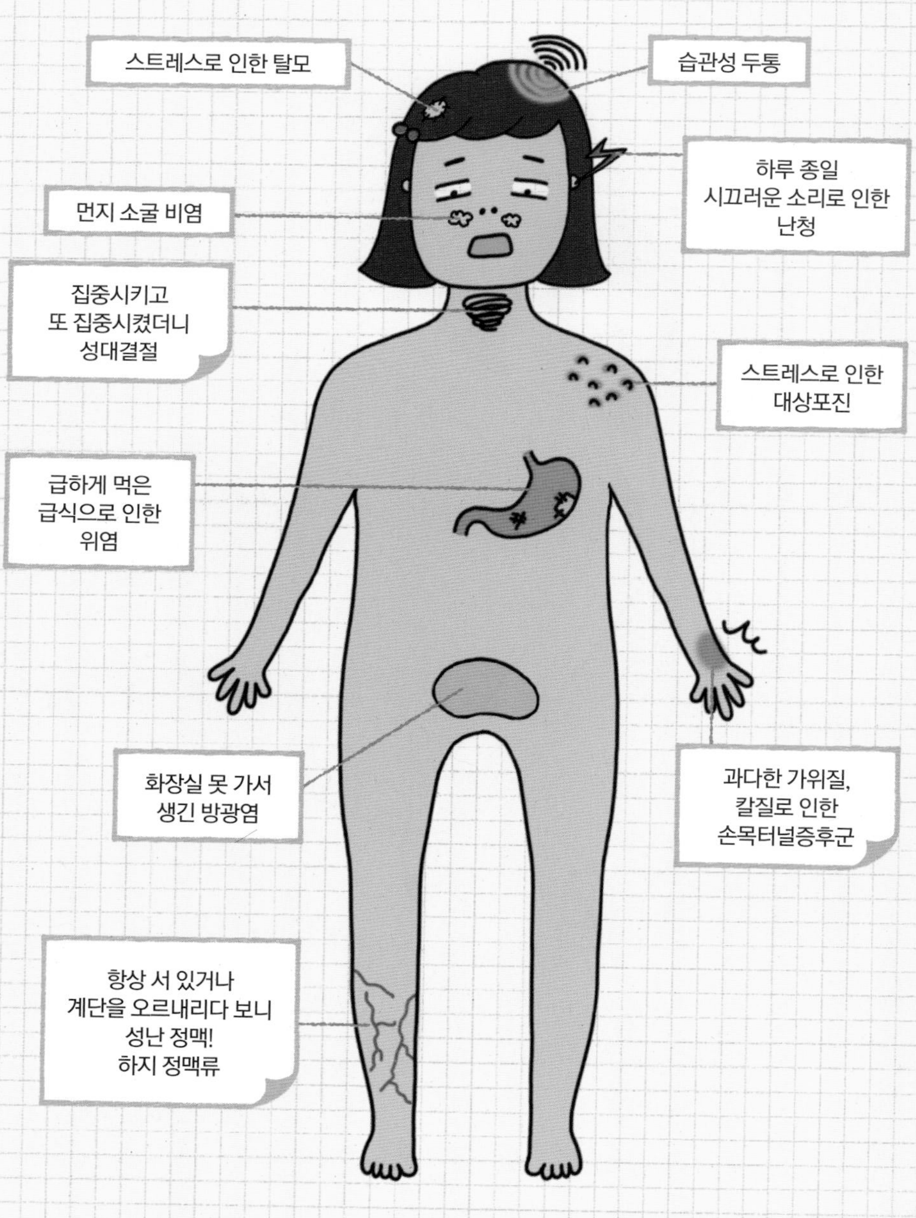

2. 마음의 병

(**할많하않:** 할말은 많지만 하지 않겠다…)

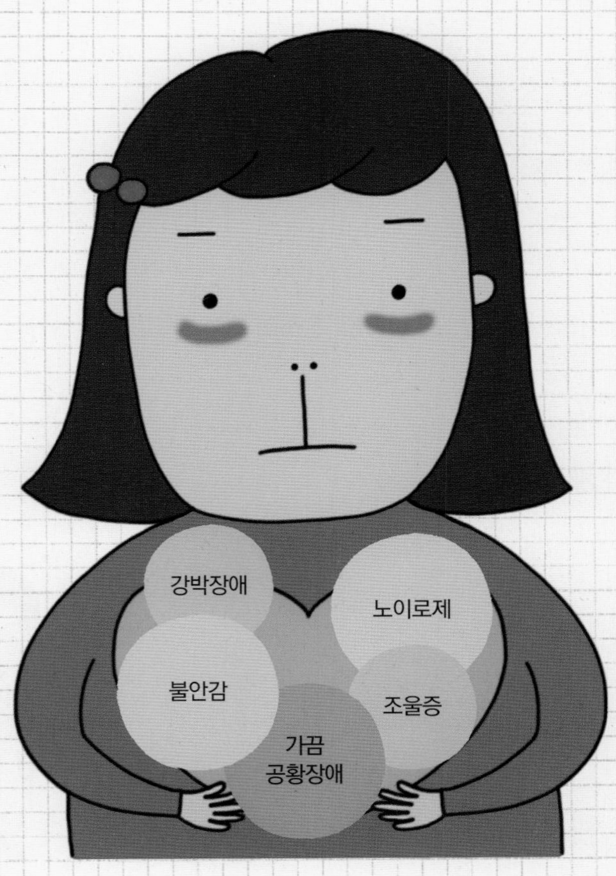

#1 사전약방문(死前藥方文)•

사후약방문(死後藥方文)이라는 말이 있다.

'무언가를 해야 하는 때를 놓쳐서 나중에 낭패하고 후회한다.'

그런데 생각해보니 정말 내 얘기이다. 진작에 챙겨 먹을걸!

지인 찬스, 인터넷 검색 찬스, 여기저기 주워들은 이야기들을 총망라하여 선생님에게 좋은 건강 보조제들을 찾아보았다.

•이 장의 내용은 네이버 지식백과, 약 복용 설명서 등을 참조하여 정리하였으며, 구입 전에 반드시 전문가와 상담하기 바람.

선생님에게 좋은 건강 보조제

컴퓨터 업무 후에는 눈건강을 위한 '루테인'

루테인은 외부로부터 들어오는 강한 자외선, 특히 블루라이트라고 알려진 청색광을 흡수하여 눈을 보호하고 활성 산소를 산화시킨다. 체내에서 합성되지 않으므로 음식을 통해서 섭취해야한다. 케일, 시금치, 브로콜리 및 녹색잎식물, 계란 노른자에 많이 함유되어 있다고 알려져 있다.

학교행사 후에는 피로회복을 위한 '홍삼'

인삼을 찐 뒤 말린 것으로 이 과정에서 인삼의 성분이 농축되고 색이 붉게 변한다. 특히 홍삼에는 사포닌이 많이 함유되어 있다고 알려져 있으며, 면역력 증진, 피로회복 개선, 항산화효과, 혈액순환 개선 등의 효과가 있다고 한다.

뒷목 잡을 일에는 혈액순환 개선을 위한 '오메가3'

원활한 혈액의 흐름은 신체기능을 유지하는데 중요한 요인이다. 오메가3와 같은 불포화 지방산은 혈전의 응고를 방지하고 중성지방 수치를 낮추는 기능이 있다. 오메가3는 등 푸른 생선 및 들기름에도 많이 함유되어 있다고 하니 음식 섭취 할 때도 신경 쓰도록 하자.

긴장되는 학년 초, 면역력 강화에는 '유산균'

몸 건강에 도움을 주는 균으로 장내 유해 세균 증식을 막아 면역력을 정상 수치로 조절해 감염증을 개선한다고 알려져 있다. 또한 장을 건강하게 해 원활한 배변활동에도 도움을 준다고 한다.

피로가 누적된 학년 말, 간 건강에는 '밀크시슬'

밀크시슬에는 강력한 항산화성분인 실리마린(silymarin)을 포함하고 있는데, 손상된 간세포를 재생시키는데 도움을 주고, 새로운 간세포가 독성 물질에 의해 손상되는 것도 방지한다. 간의 염증과 간염을 앓고 있는 사람에게 권장되며, 그 이유는 염증을 줄이는 효능이 있고 강력한 항산화제이기 때문이라고 한다.

정년퇴직까지 깨끗한 혈관을 위한 '폴리코사놀'

폴리코사놀은 사탕수수 줄기와 잎 표면에 있는 왁스에서 추출한 천연 성분이다. 폴리코사놀을 꾸준히 섭취하면 혈중 콜레스테롤 개선에 효과가 있으며 심혈관계 건강증진에 도움을 준다고 한다.

체육시간도 문제없다! 관절 건강에는 '글루코사민'

아미노산과 당의 결합물인 아미노당의 하나로, 연골을 구성하는 필수 성분이다. 글루코사민은 관절 및 연골 건강에 도움을 주기 때문에 직업상 신체활동이 많은 사람에게 권장한다고 한다.

비나이다. 비나이다.
지금 먹는 건강 보조제들이 내 육신에 피가 되고
살이 되게 하여 주시옵소서.

#2 나만의 힐링타임

사후약방문(死後藥方文)이라는 말이 있다.
'무언가를 해야 하는 때를 놓쳐서 나중에 낭패하고 후회한다'는 뜻이다.

또 내 얘기이다. 마음이 고장 났다.
나만의 힐링타임을 갖지 않으면 도무지 새로운 학년을 준비할 수가 없을 것 같다. 짧은 겨울방학이지만 지친 마음에 자양분을 주려고 한다.

방학중
NBM
나는 무탈인이다
이제는 회복된 것 같아.
이제 좀 나가볼까?

#3 내 영혼을 붙들어준 교육 도서

또 사후약방문(死後藥方文)?

이번엔 사전약방문(**死前藥方文**) 했다.

다행이 영혼만은 안 털렸다.

책장에 꽂혀 있는 교육서들이 영혼의 버팀목이 되었기 때문이다.

심리학 교실을 부탁해

양곤성 | 우리교육 | 2016.3

모든 행동에는 이유가 있는 법!

허쌤의 수업놀이

허승환 | 꿀잼교육연구소 | 2017.11

놀이를 수업시간으로 들이셔야 합니다!
선생님.

당신이 최고의 교사입니다.

레이프 에스퀴스 | 박인균 역
추수밭 | 2014.5

깨알 같이 꼼꼼하게 알려주는
에스퀴스의 제안!

수업은 기획이다.

최무연 저 | 행복한미래
2017.12

교과서와 교육과정을 버무려
맛깔스런 수업 만들기

교사가 말하는 교사
교사가 꿈꾸는 교사

권재원 | 북멘토 | 2015.8

명쾌하지만 따뜻한 현실적인 조언들!

교사, 삶에서 나를 만나다

김태현 | 에듀니티 | 2016.8

성공보다 실패경험이 많은
교직생활에 주는 위로

왜 학생들은 학교를
좋아하지 않을까

대니얼 T. 윌링햄 저 | 문희경 역
부키 | 2011.7

'뇌는 생각하는 용도로 설계되지
않았다.'에서 이미 답을 알았다!

학교에서 외계인을 만나다

권일한 저 | 우리교육 | 2017.10

너희들 마음은 이토록 순수한데…….
언제 보여줄 거니?

학교폭력으로부터 학교를 구하라

왕건환 외 4명 저 | 에듀니티 | 2018. 8

본질은 없고 껍데기만 남아버린
학교폭력 업무

인권수업

이은진 | 지식프레임 | 2018.1

어느새 무뎌져버린 감수성에
미안해지는 순간들의 연속

꿈꾼다. 공감 교실

이옥숙 저 | 북랩 | 2019.01

비폭력대화로 한층 성숙해진
우리들의 관계

무엇이 수업을 몰입하게 하는가

데이브 버제스 | 토트 | 2013.10

창의력과 상상력에 불을 지피는
해적 정신

#4 무탈쌤 잡생각

학년 운세 선호도

학급 아이들 구성? 동학년 선생님 구성?

난 동학년 선생님 구성이 더 좋은 거에 한 표!!

체육시간

오늘은 퇴근시간도 아직 안됐는데 왜 이리 다크서클이 내려오고 피곤하냐?

아~맞다! 체육시간이 있었구나…

이젠 체육하는 것만으로도 이렇게 피곤하니, 나이가 무섭다.

일기검사

우리 반 아이 일기 내용 中

「학원 숙제 끝내니 벌써 12시다. 내일 일기 검사 받는 날이라 얼른 쓰고 자야겠다. 학원 숙제가 좀 줄었으면 좋겠다.」

초등학생도 12시까지 숙제를 해야 하다니,

우리나라 교육정책 한 부분이 뭔가 단단히 잘못된 거 아닌가?

월급명세서

월급명세서를 뚫어지게 쳐다본다.

작년보다 얼마나 올랐나 볼 겸 작년 이달 치 버튼을 눌러본다.

'작년보다 오르긴 올랐네...'

그런데 왜 여전히 텅장[*]인거야!!!

교과선생님 가라사대

"3반은 정말 수업태도가 좋아요", "전 2반과 공개수업할 거예요."

정말 우리 반만 칭찬 말씀이 없다.

아, 이런 것도 꽤 신경이 쓰이는 구나. 난 우리 반 애들 예쁜데도, 괜히 교과시간 가기 전에 한 번 더 후려잡고 말았다.

병의 이중성

주말에는 아파 죽겠다가도

왜 출근만 하면 아픈 몸이 싹 나아버리는지

그렇게 기다리고 기다리던 방학인데 왜 방학만 시작하면 아픈지.

학교폭력

"학폭처리 해주세욧!!!"

소소한 싸움까지 학폭 해야 하나 싶어 애써서 조정했다. 잘 마무리 되었겠지 싶었는데 아니었나보다. 학폭감을 대강 뭉갰다며 교장실로 학부모가 찾아갔다. 이번엔 원하면 모두 학폭 처리하기로 했다. 실수로

[*] **텅장**: 텅 빈 통장

툭 친 거조차 학교폭력으로 처리해야 하다니. 업무량이 늘어났고, 그보다 정신이 피폐해졌다. 그리고… 아이들은 뒷전이 되었다.

어떻게 가르치지?

말썽꾸러기를 야단쳤더니, 왜 아이들 보는 앞에서 기죽이냐고 민원. 뒤로 내보냈더니 수업권 박탈이라고 민원. 아이들 없는데서 진지하게 이야기하려고 방과 후에 남겼더니 학생인권침해라며 민원! 나는 그냥 이 분을 고이 들어 모셔 다음 학년으로 넘기기로 했다.

학교 양극화

학교에도 양극화현상이 심해졌으니, 일 많은 사람은 너무 많아 과로사 직전, 일 적은 사람은 이보다 더 좋을 수 없는 직장!
체감 업무 격차로 인해 분위기까지 양분되면 곤란하지 말이다.

기피 띠

예전엔 기피학년이라는 게 있었는데 이젠 기피 띠가 대세인 듯!
꿀꿀~ 어흥~ 찍찍~ 음매~ 어흥~ 깡충깡충~ 낼름낼름~
어이쿠! 다 만만찮네.

교과선생님
가라사대
아~ 맞다!
체육시간이 있었구나…
어떻게
가르치지?

2월

FEBRUARY

이보다 더 잘 할수 없다 달

"후회하면 어쩔 건데!"

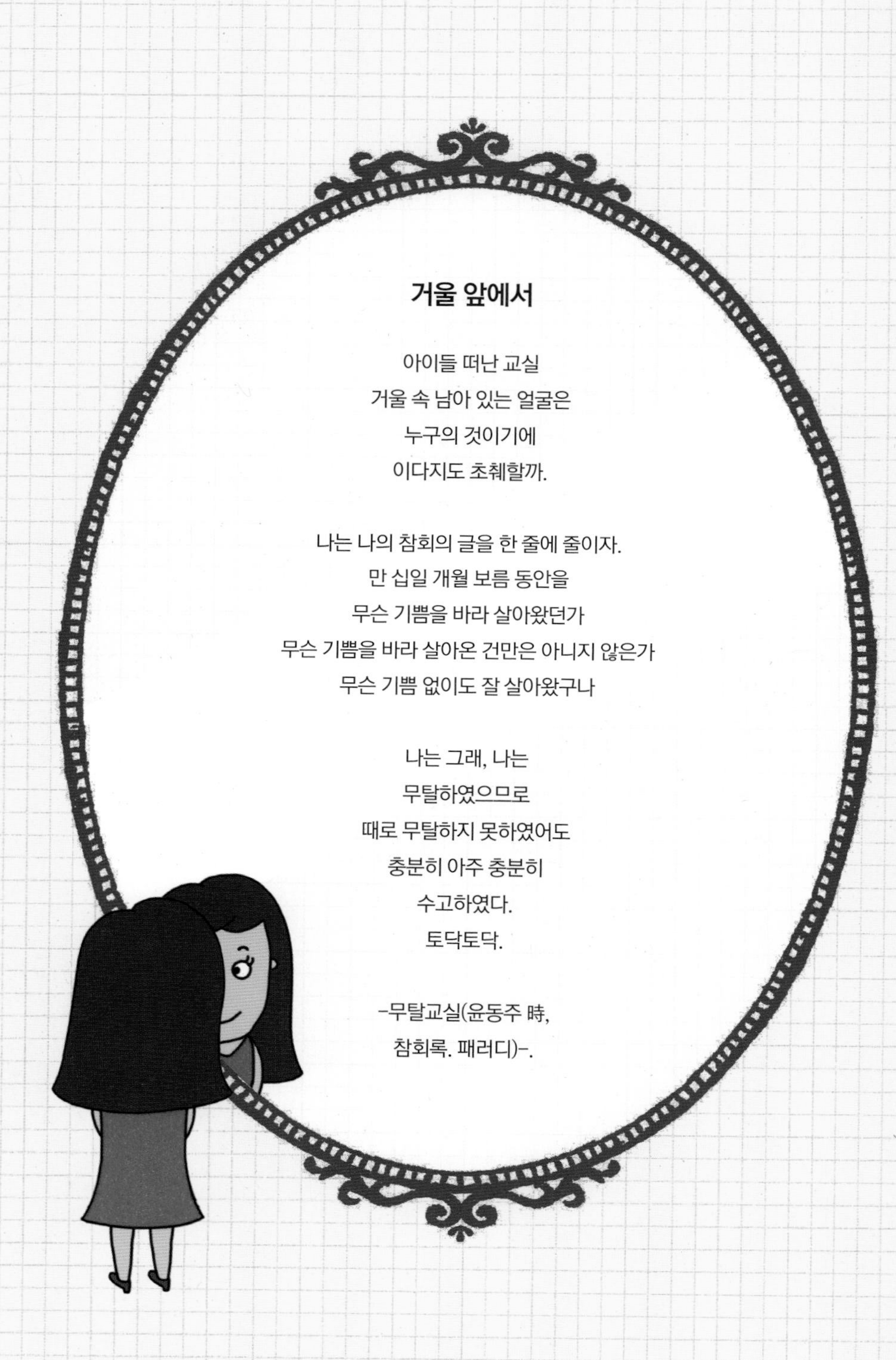

거울 앞에서

아이들 떠난 교실
거울 속 남아 있는 얼굴은
누구의 것이기에
이다지도 초췌할까.

나는 나의 참회의 글을 한 줄에 줄이자.
만 십일 개월 보름 동안을
무슨 기쁨을 바라 살아왔던가
무슨 기쁨을 바라 살아온 건만은 아니지 않은가
무슨 기쁨 없이도 잘 살아왔구나

나는 그래, 나는
무탈하였으므로
때로 무탈하지 못하였어도
충분히 아주 충분히
수고하였다.
토닥토닥.

-무탈교실(윤동주 時,
참회록. 패러디)-.

후회하지 마.

그 순간엔 그게 최선이었어.

#1 이번엔 진짜 마무리

이 교실과도 이렇게 작별인가?

아이들과 추억을 많이 쌓은 곳인데, 새로 오실 선생님을 위해 추억처럼 쌓인 먼저를 털어내야 한다.

누가 되지 않게 잘 치우고 깔끔하게 마무리 해야지!

반납 못한 준비물 반납하기

정리하다보면 반납 못한 학교 비치용 준비물을 만나게 될 터. 지금이라도 잘 정리해서 준비물실로 보낸다.

탈탈 잘 비우기

아이들과 함께 책상 속, 사물함 속을 깨끗이 정리하자. 꼼꼼히 한 곳 한 곳 모두 살피자. 신발장도 깨끗이 정리하고 여력이 된다면 걸레로 한번 닦아주는 것도 좋다.

시험지 파기하기

아이들의 개인정보가 있는 부분은 철저하게 분리 제거한다. 파쇄기 등을 사용하는 것도 방법이다.

짐 싸기

과감히 버릴 짐과 이사할 짐을 구분하여 정리하자. 이 때 동학년 선생님들과 '나눔'을 해도 좋을 만한 것들은 공유하자. 의외로 반갑게 가져가시는 분들이 계실 것이다.

컴퓨터 정리하기

컴퓨터 속 개인 자료는 외장하드에 저장하고, 새것처럼 깨끗하게 만들어 놓자. 시간이 된다면 메신저도 들여다보자. 다른 사람들과 주고 받았던 메시지가 하나도 없도록 모두 지워놓는 것도 21세기 교실 이사 에티켓이라고 한다.

우산통, 쓰레기통 씻어서 말리기

우산통과 쓰레기통은 잘 씻어서 말려두자. '이전 선생님은 어쩜 이렇게 깔끔하고 정성스럽게 정리를 잘하셨지?' 라는 배려 깊은 인상을 남길 수 있다.

테이프 자국, 스티커 자국 깨끗이 지우기

이미 십 년이 지나버린 자국은 어쩔 수 없겠지만 올해 내가 만들어 낸 사물함 문에 붙어 있는 스티커판 자국, 벽면에 얼룩져 있는 테이프 자국들은 깔끔히 닦아준다.

열쇠 챙기기

옷장이나 서랍장용 열쇠는 다음 선생님을 위해 눈에 잘 띄는 곳에 친절하게 놓아둔다.

나도 깨끗하게 잘 정리된 교실로
이사 가게 되겠지?

#2 학년말 이벤트

이번 학년도 끝나가고 있다.

우리 아이들과 일 년의 시간을 쌓았다.

내년에도 이만큼의 아이들과 만나겠지만

올해 아이들과 함께 만들어 낸 케미•, 이 분위기는 다시 없겠지.

아이들도 그럴 것이다.

그래서 친구들과 추억을 나눌 수 있는 이벤트를 마련하기로 했다.

• **케미:** Chemistry(케미스트리)를 줄여서 케미라고 함. 보통 화학이라는 뜻도 있지만, 사람사이에 이끌리는 감정이라는 뜻도 있음.

1. 상장 마니또

'마니또'는 친구를 위해 남모르게 좋은 일을 해주는 이벤트이지만, 이번에는 콕 집어 그 친구만의 장점을 찾아보자고 하였다. 그리고 만든 그 친구만을 위한 상장을 마니또 발표날에 수여하게 하였다. 학년 말 친구에게서 받은 상장은 교장선생님이 주신 것과는 또 다르게 뿌듯할 것이다.

2. 추억빙고

빙고게임과 똑같으나 단어를 채우는 대신 추억들을 채워본다. 모둠원들과 일 년 동안 학급에 있었던 일들을 되돌아보며 기억에 남는 추억들로 빙고판을 채워보자. 인기 있는 추억, 미처 기억하지 못 했던 추억이야기로 한동안 훈훈하게 시끌벅적할 것이다.

3. 추억라디오*

'안녕하세요. 청취자여러분. 여기는 무탈라디오입니다. 여러분들이 보내주시는 추억이 가득한 사연과 함께 신청곡을 틀어드립니다.' 라고 하며 사연함을 준비한다. 사연함에 추억이 어느 정도 쌓였다면 학급 라디오 방송을 시작한다. 멋진 음악과 함께 고마운 사연도 전하고, 아쉬운 마음도 잔잔히 전하는 좋은 기회가 될 것이다.

4. 추억 사진전

일 년 동안 찍은 사진들 중 괜찮은 사진들을 인화하여 추억 사진전을 열어보자. 체험 학습, 생일 파티, 어린이날 달리기 등 어느덧 잊혔던 추억이 사진에 뭉클하게 담겨 있을 것이다. 게시판에 예쁘게 전시하고, 베스트 추억도 뽑아보자. 사진전이 끝나면 사진을 나눠가져도 좋다.

* **추억라디오:** 인디스쿨 2013년 1월 23일 Ms.Kim 선생님 아이디어 변형

5. 우리 반을 빛낸 위인들 뮤직비디오

일 년 동안 함께 지낸 친구들과 우리반 기념송을 만들어 보자. 제목은 '20○○년 ○학년 ○반을 빛낸 ○○명의 위인들'. 친구들의 개성을 녹여내어 개사하고 유튜브 노래방 반주에 맞춰 노래도 녹음한다. 여차하면 A4용지에 가사를 인쇄하여 어울리는 그림도 그리자. 사진을 찍어 연결시켜 동영상으로 만들면 하나밖에 없는 뮤직비디오가 탄생할 것이다.

잊고 있었던 추억을 모두 소환하여

따뜻한 헤어짐을 준비할 수 있게 되었다.

잘 가 얘들아~

부록

공무외국외여행(연가처리) VS 국외자율연수(41조연수)

해외여행시 공무로 가는 목적이 아니라면 '공무외국외여행' 또는 '공무외 자율연수 목적의 국외여행(국외자율연수)'에 해당함

1. 공무외국외여행

· 연가로 신청

· 본인 또는 친인척의 경조사, 질병치료, 친지방문, 견문, 취미활동, 가족기념일 여행 및 기타 필요한 경우에는 휴가기간의 범위 안에서 공무외의 목적으로 국외여행을 할 수 있음(즉, 사유가 교육관련 목적이 아니어도 됨)

· 연가일수

재직기간	연가일수	재직기간	연가일수
1개월 이상 1년 미만	11일	3년 이상 4년 미만	15일
1년 이상 2년 미만	12일	4년 이상 5년 미만	17일
2년 이상 3년 미만	14일	5년 이상 6년 미만	20일
		6년 이상	21일

※ 국가공무원 복무규정 개정('18.7.2)으로 인해 연가일수가 조정되었으며, 임용 전 기간, 휴직, 퇴직 기간 등 실제 근무하지 아니한 기간은 제외하고 연가일수를 산정함

※ NEIS〉복무〉개인근무상황신청 창에서 '가용연가일수' 확인 가능함

· 계산식

$$\frac{\text{해당연도 중 사실상 직무에 종사한 기간(개월)}}{\text{12(개월)}} \times \text{해당연도의 연가 일수}$$

예제) 국가공무원 A의 18.1.1.에 부여받은 연가는 12일이었음. 18.8.1부터 19.7.30까지 육아휴직을 하였음. 기정된 지침에 의해 18년에는 7일의 연가만 사용했어야 했지만($\frac{\text{7개월}}{\text{12개월}}$×12일) 18.7.16부터 12일의 연가를 전부 사용함. 따라서 5일의 결근이 발생하여 결근 처리함.
반일연가 1회=4시간, 반일연가 2회=연가 1일

· 지각, 조퇴, 외출 미치 반일연가는 종별 구분 없이 각각의 시간을 모두 합산하여 누계 8시간을 연가1일로 계산하여 공제하고 8시간 미만의 잔여시간은 계산하지 아니함.

2. 국외자율연수

· 교육공무원법 41조 연수로 신청
· 연수의 일환이므로 반드시 교육 관련 연수 사유를 적어야 함
· 교직단체가 주관하는 연수
㉮ 해외 교육기관의 초청에 의한 연수 참가
㉯ 개인의 학습자료 수집(교수학습자료 수집)
㉰ 교원의 전문성 신장을 위한 각종 활동

· 신청 방법

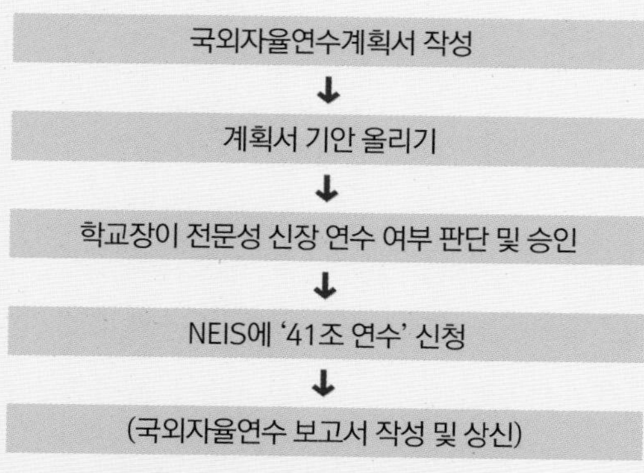

※보고서 제출 여부는 시도교육청에 따라 다름

3. 나이스 상신 방법

《공무외국외여행》

· 이어서 상신

㉮ 출국일 출국시간(당일 근무시간에 출국할 때는 08:40)~귀국일 귀국시간(당일 근무시간에 입국할 때는 16:40)까지 이어서 연가 상신하고 주말 2일은 연가일수에서 제외('기타'를 따로 상신하지 않음)

㉯ '연가':목적지 '태국', 사유란에 '공무외국외여행(가족여행)'

· 나누어서 상신

㉮ 출국일 출국시간~금요일 16:40 '연가' 상신

㉯ 금요일 16:40~월요일 08:40 '기타'상신

㉰ 월요일 08:40~귀국일 귀국시간까지 '연가' 상신

㉱ '연가':목적지 '태국', 사유란에 '공무외국외여행(가족여행)'

㉲ '기타':목적지 '태국', 사유란에 '공무외국외여행(가족여행)'

《국외자율연수》

· 이어서 상신

㉮ 출국일 출국시간(당일 근무시간에 출국할 때는 08:40)~귀국일 귀국시간(당일 근무시간에 입국할 때는 16:40)까지 이어서 '교육공무원법 41조연수' 상신, 주말 2일은 '교육공무원법41조연수' 일수에서 제외('기타'를 따로 상신하지 않음)

㉯ '교육공무원법41조연수':목적지 '태국', 사유란에 '공무외국외여행(교수학습자료수집)'

· 나누어서 상신

㉮ 출국일 출국시간(근무시간에 출국할 때는 당일 08:40)~금요일 16:40 '교육공무원법41조연수' 상신

㉯ 금요일 16:40~월요일 08:40 '기타' 상신

㉰ 월요일 08:40~귀국일 귀국시간까지(근무시간에 입국할 때는 당일 16:40)'교육공무원법41조연수' 상신

㉱ '교육공무원법41조연수': 목적지 '태국', 사유란에 '공무외국외여행(교수학습자료수집)'

㉲ '기타': 목적지 '태국', 사유란에 '공무외국외여행(교수학습자료수집)'

자율연수휴직

1. 휴직 사유

· 교원이 자기개발을 위하여 학습·연구 등이 필요한 때

· 교원이 수업 및 생활지도 등을 위해 신체적, 정신적 회복이 필요할 때

2. 휴직 대상 및 절차

· 휴직대상 : 「공무원 연금법」제23조에 따른 재직기간이 10년 이상인 교원

· 휴직절차 : 본인이 희망하고 학교장이 추천하여 임용권자가 허가

· 제출서류 : 자율연수 계획서

3. 유의사항

· 휴직대체는 가급적 정규교원으로 임용하여 기간제교원이 증가하지 않도록 유의 (6개월 이상 휴직시 결원 보충)

· 학생의 학습권 보호와 안정적인 학교운영, 학교의 특수성 등을 고려하여 학기 단위로 기간을 정하여 실시

· (초등)학교별 자율연수휴직 가능 인원수 : 제한없음 (2017 변경 사항)

4. 휴직 기간 및 횟수

· 휴직 기간 : 1년 이내 (학기단위 허가), (휴직 시작일은 3.1 또는 9.1)

· 휴직의 횟수 : 교원으로 재직하는 기간 중 1회

※ 1년의 범위 내에서 휴직기간을 단절없이 연장한 경우에도 1회로 봄

5. 복직 절차

· 휴직기간이 만료되는 경우 또는 휴직기간 중 그 사유가 소멸되는 경우

· 복직원을 제출하여 신고하여야 하고, 임용권자는 지체 없이 복직을 명함

6. 재직경력 인정여부 및 보수

· 경력평정 : 미산입 (교육공무원 승진규정 제11조 제1항)

· 호봉승급 : 호봉승급 기간에서 제외(공무원 보수규정 제14조제1항제1호)

· 보수(봉급, 수당) : 지급하지 않음 (공무원보수규정 제28조)

시간외근무수당 초과분

1. 인정 시간

· 평일 시간외근무 시간은 1일 1시간 이상 근무한 경우에 1시간을 공제한 후 매분 단위까지 합산

· 휴일 및 토요일 근무는 1일 1시간 이상 근무한 경우 매분 단위까지 합산, 휴일 및 토요일 근무에는 1시간을 공제하지 않음

· 평일 1시간 이상 조기출근하여 업무를 해도 정규 퇴근 시간 이후의 시간외근무시간과 합산하여 1시간을 공제한 후 매분 단위까지 산정

· 휴일에 초과근무 신청을 하는 경우 '휴일체크(√)' 후 '시간외 근무' 선택

· 아무리 많이 해도 초과근무명령은 1일 4시간, 1개월에 57시간을 초과할 수 없음

2. 월단위 금액 합산

· 시간외근무시간은 1일 시간외근무시간의 분(分) 단위까지 더하여 월별 시간외근무시간을 산정한 후 1시간 미만은 버림

3. 시간당 지급액

계급, 직무 등급	시간당 금액
교감, 장학관, 교육연구관	13,573
교사 30호봉 이상	12,705
교사 20호봉~29호봉	11,835
교사19호봉 이하	10,654

시간당 지급액 계산법=봉급기준액 ×1/209× 150%

봉급기준액: 기준호봉 봉급액×55%
기준호봉: 교감·장학관·교육연구관 : 25호봉
30호봉 이상 :23호봉
20호봉부터 29호봉까지 : 21호봉
19호봉 이하 : 18호봉

4. 유의사항

· 초과근무수당은 개인별, 초과근무일별 사전 초과근무명령에 따라 근무한 경우에 지급함을 원칙으로 함
· 초과근무시간은 명령시간이 아니라 실제 시간의 합산
· 초과근무를 한 공무원은 반드시 근무종료 후(조기 출근 시에는 출근 시) '초과근무확인대장'에 자필 기재하고, 당직근무자는 매일의 초과근무 확인대장을 마감하여 당직담당부서에 인계해야 함

5. 상신을 잊었을 경우

사전 초과근무명령 없이 초과근무를 한 경우 및 명령에서 정한 시간보다 초과하여 근무하나 경우 초과근무자는 근무종결 후 퇴청 시에 당직근무자의 확인을 받아 초과근무 다음날까지 명령권자의 사후결재를 받아야 함 (이 경우에도 나이스 상신해야 함)

시간외근무수당 정액분

1. 의미

일반적인 출, 퇴근시간 내 근무를 원칙으로 하는 공무원(「국가공무원 복무규정」제9조의 근무시간이 적용되는 공무원)에게는 별도의 시간외근무명령이나 승인없이 월10시간 분의 시간외근무수당을 정액으로 지급(영 제15조 제6항)

2. 지급 대상

· 일반대상자 중 정규 근무일을 기준으로 월간 출근(또는 출장) 근무일수가 15일 이상인 공무원에게 지급

· 15일 미만인 경우에는 15일에 미달하는 매1일마다 15분의 1에 해당하는 금액을 감액하여 지급

3. 근무일수 계산

· 출장도 출근일수에 포함하여 강등, 정직, 직위해제, 휴직, 연가, 병가, 공가, 특별휴가, 방학, 결근 등의 사유가 있어 근무하지 않으면 출근 근무일수에 미포함

· 반일연가, 외출 등의 경우에는 사용한 시간을 제외하고, 당일에 「국가공무원 복무규정」상 1일 근무시간(8시간)을 모두 근무하는 경우에 출근 일수로 인정

· 육아시간 1시간 또는 모성보호 시간 2시간 사용하더라도 나머지 시

간을 모두 근무하였다면 정액분 지급

· 방학은 월간 출근(또는 출장) 근무일수에서 제외되나, 방학 기간에 학교장의 근무명령에 따라 특별히 출근하여 「국가공무원 복무규정」에서 정한 근무시간 이상 근무하는 경우에는 정규 근무일로 간주하여 월간 출근(또는 출장) 근무일수에 포함하여 정액분 지급

5. Q&A

Q1 2018년 12월17일에 방학을 한 학교의 교원(교장은 제외)은 12월분의 시간외근무수당 정액분을 받을 수 있을까요?

A1 2018년 12월 정규 근무일을 기준으로 실제 출근근무일수가 13일이므로 월 15일 미만인 경우에 해당, 따라서 10시간분의 금액에서 2/15만큼 감액하여 지급

Q2 새내기 교사의 11월 시간외근무수당 정액분은 대략 얼마일까?

A2 시간 당 지급액이 약 1만원(10,654원)으로 10시간 분량으로 계산하면 대략 11만원 정도 지급

자녀돌봄휴가

1. 의미

자녀가 있는 공무원은 다음 각 호의 어느 하나에 해당하는 경우 연간 2일(자녀가 3명 이상인 경우에는 3일)의 범위에서 자녀돌봄휴가를 받을 수 있음

2. 사용 시기

· 「영유아보육법」에 따른 어린이집, 「유아교육법」에 따른 유치원 및 「초중등교육법」제2조 각 호의 학교에서 공식적으로 주최하는 행사(예: 자녀의 입학식, 졸업식, 학예회, 운동회, 참여수업, 학부모 상담 등)
· 어린이집 등 교사와의 상담에 참여하는 경우
· 자녀의 병원진료(「국민건강보험법」 제52조에 따른 건강검진 또는 「감염병의 예방 및 관리에 관한 법률」 제24조에 따른 예방접종을 포함한다)에 동행하는 경우(단, 병원진료의 경우 고등학교 이하 재학생 또는 「민법」 제4조의 성년 미만의 자녀에 한정되며, 서류(진단서, 확인서, 소견서)등을 제출해야 함)

3. 사용 일수

· 2자녀인 경우 연간 2일
· 3자녀인 경우 1일(8시간) 가산하여 3일

4. 분할 사용

시간 단위로 분할 사용이 가능

5. 신청 방법

· 나이스 〉 복무 〉 개인근무상황신청 〉 근무상황 〉 자녀돌봄휴가

· 사유에는 구체적 사유를 적되, 확인용 증빙서류(학부모 알림장, 가정통신문 등) 준비

6.「국가공무원 복무규정」개정안 중 관련 내용 (2018.7.2)

구분	개정전	개정후
모성보호시간 확대	임신 후 12주 이내, 임신 36주 이상	임신 全 기간
배우자 출산휴가 확대	5일	10일
육아시간 확대	· 생후 1년 미만 유아를 가진 공무원 · 1일 1시간	· 만5세 이하 유아를 가진 공무원 · 1일 2시간

7. 그 외 기타 사항

· 임산부 공무원 야간, 휴일근무 제한

· 임신 중이거나 출산한지 1년이 지나지 않은 공무원의 야간(22시~06시) 및 토요일, 공휴일 근무 제한

· 임신공무원 장거리, 장시간 출장 제한

· 임신한 공무원에 대해 장거리, 장시간 출장 제한 가능

· 배우자 출산 휴가

· 배우자 출산휴가를 신청하면 기관장은 이를 반드시 승인

· 부부공동 육아 실현

· 남성공무원 육아시간 인정(생후 1년 미만)

육아휴직

1. 휴직대상

· 만8세이하 또는 초등학교 2학년 이하의 자녀를 양육하기 위한 남, 여 공무원, 임신 또는 출산한 여성 교육공무원

㉮ 만 9세 초등학교 2학년 자녀 : 휴직 가능

㉯ 만 8세 초등학교 3학년 자녀 : 휴직 가능

㉰ 부부(교육)공무원의 경우 동일 자녀에 대하여 각각 휴직 가능

㉱ 쌍둥이 자녀의 경우 각각의 자녀에 대하여 육아휴직 가능

2. 자녀의 범위

친생자는 물론 양자도 포함

㉮ 이혼한 경우에는 양육권을 가진 자녀에 한함

㉯ 재혼한 경우에는 배우자에게 양육권이 있는 자녀도 포함

3. 법정휴직기간

자녀1명에 대하여 최대 3년 이내로 하되, 분할 가능(남교사도 최대 3년까지 휴직 가능)

㉮ 만 8세 이하인 경우 만 8세가 속하는 학기말까지 휴직 가능

㉯ 초등학교 2학년 이하인 경우 2학년 말까지 휴직 가능

※ 상기 2가지 육아휴직 요건 중 택일하여 신청 가능. 다만, 법정휴직기간 3년 범위 내 요건은 충족하여야 함

4. 신청, 연장 및 재휴직

· 법정 휴직 기간 내에서 본인의 희망에 따라 기간을 정하여 운영하되, 가급적 학기단위로 휴직할 수 있도록 함

· 육아휴직 및 출산휴가가 끊어짐 없이 이어지는 경우 출산휴가 종류 후 대상자녀를 달리하여 휴, 복직 가능

· 복직과 동시에 대상자녀를 달리하여 육아휴직 가능

· 육아휴직 이외의 휴직(동반, 고용 등)과 육아휴직이 끊어짐 없이 이어지는 경우 학기 중 휴직 가능

5. 휴직의 횟수

자녀 출산 등 휴직사유가 발생하는 경우에는 휴직의 횟수에 관계없이 휴직 가능(단, 휴직 기간 중 다른 자녀의 임신, 출산, 양육 등으로 계속 휴직을 하고자 할 때에는 복직 후 다시 휴직을 하여야 함)

6. 복직 절차

· 휴직기간 중 그 사유가 소멸되거나(유산, 양육 대상자녀의 사망 등), 더 이상의 휴직이 불필요한 경우 임용권자에게 이를 신고(복직원 제출)하여야 하며, 임용권자는 지체없이 복직을 명함

· 2년 이상 휴직한 교원이 복직하고자 할 때에는 직무연수를 받아야 함

· 휴직자가 휴직사유 소멸 또는 휴직기간의 만료로 30일 이내에 복귀 신고를 한 때에는 당연 복직됨. 이 경우 복직일까지 휴직기간으로 봄

· 휴직 기간을 연장하고자 할 때에는 휴직기간 만료 전 15일까지 신청하여야 함

7. 출산휴가와의 관계

· 여자교육공무원의 경우, 국가공무원복무규정에 의한 90일의 출산휴가와는 별도로 육아휴직을 신청할 수 있음

· 출산휴가 90일을 사용한 후, 즉시 또는 일정 기간 근무하다가 법정휴직기간 내의 육아휴직 가능

8. 재직경력 인정여부

· 경력평정 : 산입(교육공무원 승진규정 제11조제1항제1호)

· 호봉승급 : 첫째, 둘째 자녀의 경우 1년까지, 셋째 자녀부터는 휴직기간 전체 산입(공무원보수규정 제15조제6호)

9. 육아휴직 수당

· 육아휴직 시작일로부터 3개월까지: 육아휴직 시작일 현재 육아휴직 공무원 호봉 기준 월봉급액의 80% 해당 금액 (최저 70만원~최고 150만원)

· 육아휴직 4개월째부터~육아휴직 종료일까지: 육아휴직 시작일 현재 육아휴직공무원 호봉 기준 월봉급액의 50% 해당 금액(최저 70만원~최고 120만원)

· 같은 자녀에 대하여 부모가 순차적으로 육아휴직을 하여 두 번째 육아휴직을 한 자가 공무원인 경우 최초 3개월의 육아휴직수당은 월봉급액에 해당하는 금액을 상한액(250만원)의 범위에서 지급

10. 수당지급 방법 및 기타

· 육아휴직기간 중 지급액: 총지급액의 85%에 해당하는 금액을 지급

· 육아휴직 복직 후 지급액: 총지급액의 15%에 해당하는 금액을 복직하여 6개월 이상 계속하여 근무한 경우 7개월째 보수지급일에 합산하여 일시불로 지급

· 복직 후 6개월 경과 이전에 퇴직하는 경우, 육아휴직수당 15%는 지급하지 않음

· 육아휴직수당은 비과세임. 복직 후 6개월 후에 나오는 일시금(수당의 15%)은 당연히 비과세로 받아야 함

· 육아휴직 1년은 유급휴직이므로 기여금을 떼고 수당이 지급됨. 그러나 이후 휴직기간 중에는 기여금을 매달 낼 수도, 복직 후 한꺼번에 낼 수도 있음. 후자의 경우 오른 기여금을 내야 하므로 중간에 내는 것이 좀 더 이득임(※2020년까지 연금법 개정에 의해서 기여금은 1월과 5월에 각각 인상됨.)

· 건강보험료는 육아휴직 중간에 납부할 수 없으므로 복직 후에는 매달 내는 원납임금의 60% 감면된 금액을 휴직 개월수만큼 한꺼번에 납입하여야 함

11. Q&A

Q1 2009년 5월21일생인 자녀의 육아휴직 가능 기간은?

A1 만 8세 이하는 만8세가 속하는 학기말까지 휴직 가능을 의미함. 따라서 2017.5.21.부터 2018.5.20.까지 만8세에 해당되므로 만8세 종료일인 2018.5.20.이 포함되는 학기말인 2018.8.○○(교육과정 운영을 고려하여 학교의 장이 정한 날)까지 육아휴직이 가능

Q2 임신 중인 공무원은 임신 몇 개월부터 육아휴직이 가능한가요?

A2 육아휴직은 교육공무원법 제44조 제1항 제7호의 규정에 의거 여성공무원이 임신하게 된 때 휴직이 가능하므로 임신확인서 등을 통해 임신이 확인되면 언제든지 휴직이 가능함

Q3 임신으로 8개월간을 휴직하고자 할 때 6개월은 휴직으로 처리하고 2개월은 산휴로 처리할 수 있는지, 처리방법은 어떠한지?

A3 휴직기간이 8개월 필요하다면 6개월간 휴직을 한 다음 출산일을 전후하여 60일간의 출산휴가를 실시할 수 있으며, 이 경우 출산휴가는 휴가를 한 다음 출산을 증명할 수 있는 서류(진단서 또는 주민등록등본 등)을 제출하면 되고, 휴직은 휴직신청서와 휴직사유를 증명할 수 있는 서류(진단서 등)을 제출하면 됨

Q4 출산 후 2007.9.1.~2008.2.28.까지 육아휴직하고 2008.3.1. 복직한 후 2008.9.1.~2009.2.28. 까지 다시 육아휴직 한 경우 육아휴직수당 지급기간은?

A4 육아휴직 수당은 휴직기간을 기준으로 1년 이내이므로 1차 휴직인 2007.9.1.~2008.2.28.까지 6월과 2차 휴직인 2008.9.1.~2009.2.28. 까지 6월의 총 12월만 육아휴직 수당 지급이 가능함

Q5 2년간의 육아휴직 기간 중 대학원 수강을 하였을 때 대학원 졸업은 경력과 호봉에 인정되는지 여부?

A5 육아휴직 중 대학원에 출석하여 석, 박사학위를 취득하였을 경우 휴직사유에는 부합되지 않으나 휴직명분을 유지하면서 학위취득

을 한 점은 평소 직무 중에 취득한 학위(야간과정에 한함)를 인정하고 있는 사례로 미루어, 학위취득 기간이 다른 경력과 중복되지 않는 한 호봉 승급을 위한 경력으로 인정할 수 있음

참고 자료

2018 교육공무원 인사편람, 강원도교육청, 2018.04
공무원보수 등의 업무지침, 인사혁신처 예규 제62호, 2018.11.01
교육공무원 인사실무, 교육부 교원정책과, 2016.5.
국가공무원 복무 징계, 인사혁신처 예규 제64호, 2018.12.18
국가공무원 복무규정 일부 개정안, 2018.07.02.
인사혁신처 홍보자료, 2017.03.15.
휴복직업무처리지침, 광주광역시교육청, 2016.10.

참고 사이트

https://www.youtube.com/watch?v=Fp0gPXr_vuQ
(세.바.시 313회, 경청은 왜 인간을 위대하게 만드는가?)
http://www.ypsori.com/news/articleView.html?idxno=12978
(NASA에서 선정한 공기정화식물)
https://www.youtube.com/watch?v=W3a4_OWuOeE
(법륜스님의 즉문즉설 1231회)
https://www.pinterest.co.kr/
(핀터레스트)
https://m.blog.naver.com/wintergalaxy/221316197514
https://news.joins.com/article/22824980

참고 문헌

교실이 살아 있는 질문 수업, 양경윤 저, 즐거운학교, 2016.12.10
까치나무, 송근영 저 (수록 시 '다르게 크는 어린이' 인용)
선생님도 아프다, 양곤성 저, 팜파스, 2017.02
섬, 정현종 저, 2015.08.20 (수록 시 '방문객' 인용)
승승장구 학급경영, 허승환/나승빈 저, I-Scream. 2018.02.19
하늘과 바람과 별과 詩, 윤동주 저, 소와다리, 2016.01.30 (수록 시 '참회록' 인용)
학급긍정훈육법, 제인 넬슨/김성환 저. 에듀니티. 2014.09.01
학급긍정훈육법(활동편), 레사 라살라/김성환 저, 에듀니티, 2015.12.18

INDEX_소제목 찾아보기

3월

4월

5월

6월

7월

교실의 빈틈을 채워주는
틈새 학급경영 필살기 자료집

초판 1쇄 발행 2019년 3월 4일

지은이 김근희 · 이상미 · 임화진 · 정가영
펴낸이 박기석
기획·편집 장인영
디자인 올컨텐츠그룹

펴낸곳 ㈜시공미디어
출판등록 2013년 12월 11일
신고번호 제2013-000115호
주소 경기도 성남시 분당구 판교역로 225-20 시공빌딩
전화 1544-3070
팩스 02-6280-5222
홈페이지 http://teacher.i-scream.co.kr

ISBN 979-11-5929-022-0 03370 **CIP** 2019005948

※ 이 도서의 국립중앙도서관 출판예정도서목록(CIP)은 서지정보유통지원시스템 홈페이지(http://seoji.nl.go.kr)와 국가자료종합목록시스템(http://www.nl.go.kr/kolisnet)에서 이용하실 수 있습니다. (CIP제어번호 : CIP2019005948)